インドよ！

文・写真
東京スパイス番長

はじめに

インドよ。

あなたはどうしてそんなに魅力的なのだろうか？


初めてインドに足を踏み入れたのは、二〇年ほど前のことだった。大学生だった僕は気に入りの古着で全身を固め、デリーの空港に降り立った。二週間ほどの短い滞在で、当時のバックパッカーが判で押したかのように旅するルートをたどった。

オールドデリーでカレーを食べ、アーグラでタージ・マハルを訪れ、夜行列車でバラナシに向かった。ガンジス川で死体が焼かれるのを目撃し、コルカタで埃と喧騒にもまれて歩いた。

別にインドに特別な興味があったわけではない。友人に「カレーが好きなのに本場を知らないなんてダサいぜ」と、からかわれたのがキッカケ。よし、一生に一度くらいは行ってみるか。まんまと乗せられたのだ。だって僕は本当にカレーが好きだったから。


インドよ。

あなたに会いに行った人はどっぷりはまるか二度と行きたくないと思うか、必ずどちらかに分かれると人は言う。


でも僕にとってそれは、まるでピンと来ない定説だ。インドを大嫌いになることはなかったし、また行きたいと思うほど好きにもならなかった。人生観を揺るがすような事態は起こらなかったし、生や死について考えたり、自分自身の在り方を見つめ直したりすることもなかった。

あのときの煮え切らない感情は、喉に引っかかった魚の小骨のようにしぶとく心の片隅に残った。じゃあどうして僕は、その後もインドに通い続けることにしたんだろう？

「東京スパイス番長」という四人組の日印混合料理集団に所属する僕は、仲間たちと毎年インドを訪れている。テーマを決めて旅をし、現地で料理をして帰国する。それを僕たちは〝インド即興料理旅行〟と呼んでいる。

ある年は乳製品をテーマにバッファローの乳を搾り、またある年はベンガル料理をテーマに川で釣りに勤しむ。米をテーマに田植えや稲刈りをしたこともある。東京スパイス番長の仲間たちと旅していると、インドに対する既成概念はあっさりと打ち砕かれる。彼らと体験するインドは、多くの人が語るステレオタイプなインドとは違いすぎるのである。それはもしかしたら彼らの生い立ちにも関係しているのかもしれない。

インドよ。

あなたに僕の素晴らしい仲間たちを紹介しよう。

シャンカール・ノグチ。貿易商。ジャーナリストだった祖父は、インド・パンジャーブ州出身だ。母親と共にインドへ発ち、祖父の遺灰をガンジス川で流した過去は、彼にとっていい思い出になっているようだ。面倒見がよく、キッチリしている兄貴分的存在だが、インドで羽目を外しているときの嬉々とした表情は日本で見ることはできない。

ナイル・善己。日本で最も歴史のあるインド料理店「ナイルレストラン」の三代目。創業者である祖父はインド・ケーララ州の出身。インド独立に身を焦がした革命家である。インド・ゴア州で一年間、料理修業をした経験があるから料理の腕前は抜群。インドでは食べ物のことになると途端に目の色が変わる。あの集中力は尋常じゃない。

メタ・バラッツ。貿易商。初代の父親はインド・グジャラート州で生まれた薬剤師だ。彼の持ち味はマイペース。ゆったりとした独特のスタンスは、それ自体が恐ろしくインド的だ。ちょっと目を離すとすぐに僕らの目を晦まし、街角のチャイ屋でゆるりと休んでいる。だからいつの間にか彼のペースに乗せられてしまう。これが何より心地良い。

インドよ。
あなたにいつからか強烈な魅力を感じるようになったのは、

きっと彼らのおかげだと思う。

彼らはみんな、インドでは水を得た魚のようにのびのびと過ごしている。インドをバカにしたり、ネタにして盛り上がったりすることはない。彼らの体にはインド人の血が流れているし、ハートの奥底にはインドへの愛が眠っている。彼らにとってインドは第二の故郷なのだ。ふるさとのことを悪く言う人はいない。

インドにおける彼らの一挙手一投足は、まるで極上のレッスンを受けているかのように刺激的だ。こんなふうに思うのか、こう言えばいいのか、その行動にはこんな意味があったのか。一緒にいていちいち感心してしまう。目からうろことはこのことだ。

いいぞ、インド、いいぞ、インド。この高揚感を若かりしあの日の自分に教えてあげたい。そんなふうに手に入れた〝インドの歩き方〟が、どんなガイドブックよりも貴重な宝物となったのは言うまでもない。そう、僕をインドに通わせ続けてくれているのは、東京スパイス番長の仲間たちなのだ。

インドよ。

あなたのことをもっと知りたい。またすぐ行くから待ってなよ。

東京スパイス番長　水野仁輔

INDIA

OH!

目次

第一章

喜

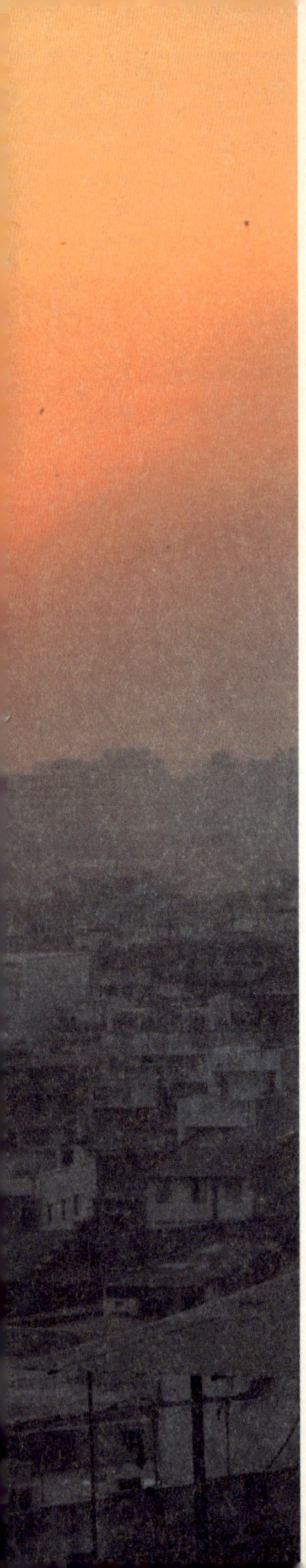

ファインダーの奥の奥

ナイル善己

腕に自信はないが、僕の趣味の一つにカメラがある。毎年インドを訪れては、フォトジェニックなこの国を撮るのが楽しくて仕方がないのだ。

名だたる著名な写真家がさんざん撮ってきたインド。だけど、「どれも似ているなぁ」といつも思う。たとえば、群れをなしている牛が道路に座り込み、車が立ち往生している写真。こんな光景は絶対に日本では見ることができない。だから当然のようにシャッターを押してしまう。僕だってそうだ。ここぞとばかり写真に撮るはずだ。街中でよく見掛けるのは、貧しいホームレスの子供たち。たくさんの幼い子供が小銭を稼ごうと集まってくる。「こんな幼い子が」と思うと胸が張り裂けそうになる反面、その衝撃的な光景をついファインダーに収めたくなる。薄汚れた格好でぽつんと立ち尽くす少女が、何かを訴えるような大きな瞳でこちらを見ている物悲しげな定番の写真。ガンジス川[*001]では沐浴する真っ白な髭をたくわえた僧侶の姿や、火葬場へ向かうのに布でぐるぐると包まれた一体の死体。

どれも見覚えがないだろうか。僕たちは、それらの写真をぱっと見たときの負のイメージに洗脳されているような気がする。ショッキングな映像はどうしたって目に付くし、深く印象に残る。どうも日本では、非現実的でちょっとネガティブな映像がよりインドらしいと、間違った認識がまかり通っているようだ。

だから僕は言いたい。インドには、伝統的な建築物や人間の手によって造り出された神秘的な寺院がある。世界中の誰もが圧倒される優雅な高級ホテル、海には野生のイルカが飛び跳ねて遊んでいる姿、山には美しく羽を広げるクジャク。豊かで壮大な自然には言葉を失うだろう。街を歩けば、シルクの生地を織り込んだ民族衣装のサリーを身にまとった美しい女性、公園ではクリケットに興じる少年たちの姿も。このように、写真に収めたくなるような魅惑的でわくわくするインドはたくさん存在するのだ。

もし、ピューリッツァー賞[*002]を狙っているのならば何も言わない。けれど、旅の思い出にとカメラを向けるのなら、ファインダーのもっと奥の方をのぞいてほしい。今構えているカメラのファインダーには、お金をせがむ貧しくて薄汚れた子供たちが写っているかもしれない。だが、彼らだって目をらんらんと輝かせ、走り回って鬼ごっこをしたり、チョコレートを頬張っておいしそうな顔をしたりする時だってある。そんな無邪気な笑顔をこちらに見せてくれる瞬間があるのだ。

僕は、無垢な笑顔や美しい風景がどれくらい撮影できたかパソコンの前で確認する作業が大好きだ。それらは日本に帰った時に、大きな土産話になるのである。

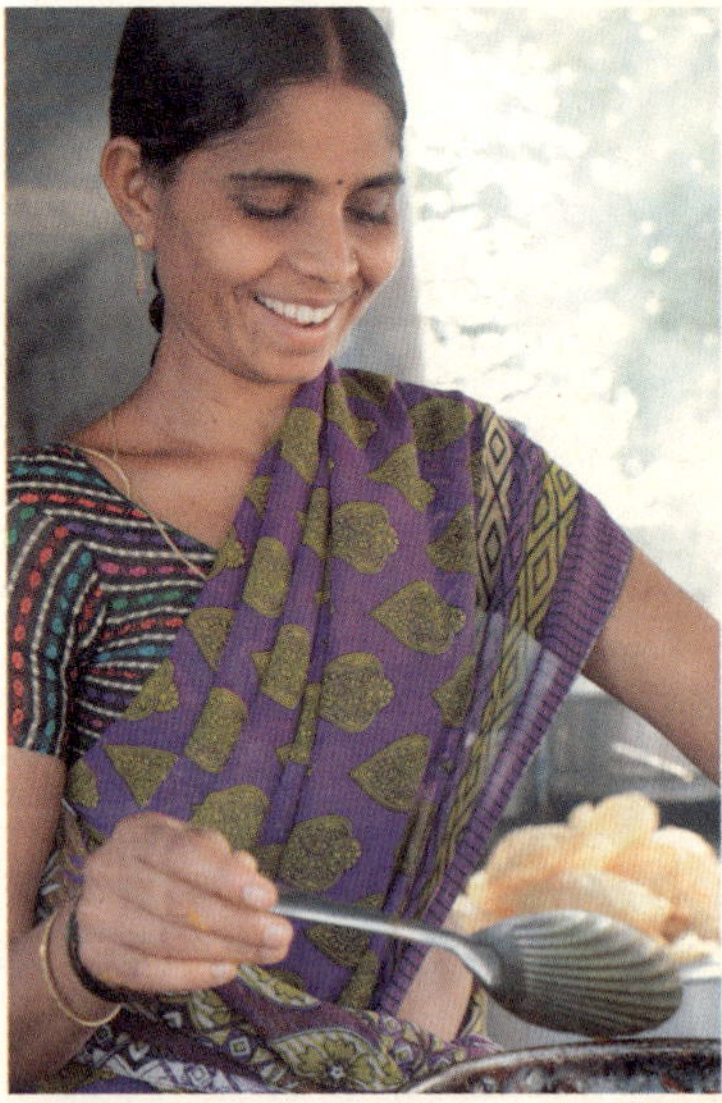

田植え体験をしに行く途中、朝食を食べに立ち寄ったチェンナイ近くの食堂にて。絶妙な色・柄の組み合わせのサリーを身にまとっていた

コーチンで見られるチャイニーズフィッシングネット。僕はここで海面を飛び跳ねている野生のイルカに出会った

グジャラート州の小さな村、アダーラジにある階段井戸。深く大きく掘られた井戸は 1498 年に造られたもの。
見事な彫刻が施され、中まで入って行ける

牛飼いの少年が先頭に立って、整列させた牛を上手に連れて歩いているのどかな田舎の風景

カメラを向けたら笑顔でこたえてくれた少女。観光地から離れた街では警戒心が薄れ、子供たちの表情が豊かになる

木曜日はチョコレートバーの日

メタ・バラッツ

木曜日はチョコレートバーの日である。インドで過ごした学生時代、活力の源であったといっても過言ではない「チョコレートバーの日」。

詳しく説明すると長くなるが、私は学生時代、南インドはタミル・ナードゥ州、ニルギリ[*003]にある全寮制の学校にいた。過ごしたのは一四歳後半から一八歳くらいまで。多感な少年時代をきれいな空気、青い山脈、そして厳しく管理された学校の中で過ごした。今思えば、些細なことでも楽しさに変え、勉強することのおもしろさを覚えたあの寮生活は、私にとってかけがえのない思い出である。良き友もたくさんでき、衝撃的なこともたくさん経験した。

全寮制の学校は外部との接触が一切禁じられ、英語以外の言語を話すことも、実家に電話をすることも禁止されていた。週に一度、両親が子供たちに電話をすることが許されていたのが確か土曜日だった。電話の音が寮に響き渡ると、皆自分への電話ではないかとそわそわしたものだ。電話がかかってきた生徒は出席番号で呼ばれ、駆け足で黒電話のもとへ行った。

そして確か、手紙を書けるのが水曜日だった。すべて英語で書かなくてはならず、しかも教師に検閲された。今まで日本語で話してきた友達へ英語で手紙を書き、帰国した際、バカにされたのも今では笑い話である。

そして確か、生徒宛てに届いた手紙や荷物を受け取れるのは、月曜日だった。それらもすべてチェックされ、勉学に必要と判断されなければそのまま没収である。友人がかつて送ってくれたサザンオールスターズのカセットテープは、今でも校長室に大切にしまってあるのだろうか……。このように、外部との接触が遮断され、もちろんお金なども預けなくてはならない生活を私は送っていた。

制限された状況だと、限られたものを最大限に活用し、それをいかに楽しみに変えるかで日々必死である。週一回のテレビは一〇〇人でチャンネルの争奪戦、お風呂へ入る順番は誰がタオルを浴室に最初に投げ込むかで決まった。

中でも、寮が興奮のるつぼと化したのは、週一回、木曜日のティーブレークで出された「チョコレートバー」である。キャドバリー[*004]やマース[*005]、ミルキーウェイ[*006]にスニッカーズ[*007]。今でもあの場景を思い出すだけで、よだれが出そうになる。

そして、数あるチョコレートバーの中で断トツに人気だったのが、キットカット[*008]だ。あの二重に包装された上品な装いはどこか気品があり、みんなの憧れだった。私はというと、キットカットより好きなチョコレートバーがあった。それが「マンチ[*009]」である。紫の包みに包装され、食感はパリッと、そしてしつこすぎない甘さが暑いインドの気候に合うのだ。何本食べても食べ飽きないほど好きだった。当日のティーブレークになるまでどのチョコレートバーが出るか分からないので、整列して向かう木曜日の食堂はわくわくしたものだ。

木曜日にしか出てこないチョコレートバーは、生徒たちにとって大変貴重なものだった。さらに登場回数が少ないキットカットやマンチになると、トレードの対象になった。大体、マンチ三本でキットカット一本、マースやミルキーウェイなんかだと七〜八本分でキットカット一本と交換できた。ある生徒はキットカットほしさに何週間もチョコレートバーを我慢していたほどだ。また、賭けごとの賞品にもなった。バスケットやサッカー、もちろんクリケットなどでも勝者は敗者たちからチョコレートバーをもらっていた。キットカットを賭けるとなるとそれはもうみんな必死である。

すっかりマンチのファンになった私は、友人や家族にもマンチの素晴らしさを伝えたくなった。そこで長期休暇で日本に帰るとき、街中にあるキオスクに立ち寄ってみた。何よりも驚いたのはマンチの値段である。死にもの狂いで手に入れようとしていたマンチがなんと二つで五ルピー。日本円でおよそ一〇円(二〇一四年一二月現在、一ルピー＝約一・九円)。安い、安すぎる。調子に乗った私はマンチを箱買いし、五〇本ほどスーツケースに詰めて日本に持って帰った。

帰国後、得意気に友人、知人たちにマンチの素晴らしさをとうとうと語り、一緒に食べた。しかし、日本で食べたマンチは味が薄く感じられ、いまいち残念なものだった……。

先日タイを訪れた際、インドでの学生時代の友人に久しぶりに会い、昔話に花を咲かせた。「インドで過ごしていたときは不満だらけだったが、今思えば幸せだった」と彼は言った。くだらないことを最大限に楽しく、そして不便の中に喜びを見出せたインド時代は、何でも手に入り、好きな時に好きなことができる今とでは喜びの質が違うと。
あんなに望んだことなのにね。

子供の留学先について相談されることがたまにある。私は常に、そしてこれからもインドをお勧めする。教育は世界トップレベルだと思うし、教育にかける教師の情熱はかなりのものである。そして、なんといってもマンチに必死になれるのだから……。

このマンチ、ほぼインド全国で購入可能である。道端、駅構内、空港の中にある何でも屋みたいな小さなキオスクで買うことができる。

ぜひインドで食べるマンチを皆さんにも味わっていただきたい。お土産にはお勧めできないが、インドでしか味わえないものだと思えば、旅も味わい深くなるのではないだろうか。

マンゴーハイ！

シャンカール・ノグチ

インドを代表するフルーツといえば、マンゴー。なかでも、西インド産の完熟マンゴーの味を知ると、日本に空輸されたものではもの足りなさを感じてしまう。なにしろそれらは、熟す前に摘み取られ、強烈なインドの日差しを浴びることなく飛行機に積み込まれているのだから。

マンゴーの産地として有名なのが、西インド。グジャラート州のヴァルサード[*010]からマハーラーシュトラ州のラトナギリ[*011]、そこから南へ下ったゴア[*012]には、マンゴー農園を見学するため、仕事で何度も足を運んでいる。どこが一番おいしいかと聞かれると、ものすごく困る。どこも甲乙つけがたいのだ。このエリアで収穫される種類に、インドの最高級マンゴー「アルフォンソ・マンゴー」がある。南国フルーツを凝縮したような濃厚な甘み、ねっとりクリーミーな口当たりは、官能的ですらある。アルフォンソ・マンゴーが目の前にあると、私はつい我を忘れて食べ続け、気分が高揚してしまう。実に危険なフルーツだ。収穫時期は、インドで最も暑い四月から六月あたり。気温は三〇度を超える。容赦なく照らしつける日差しとアラビア海からの潮風、そして数日間降り続ける雨によって、熟成のピークを迎える。

　ある農園で、マンゴーについてこんな話を聞いたことがある。

広大な敷地でアルフォンソ・マンゴーを栽培している農園

「まず、あとは収穫されるだけのたわわに実ったマンゴーの木に目星を付けるだろ。そしたら、ひたすら木の下で完熟した実が落ちてくるのをじっと待つんじゃ。落ちてきたらすかさずキャッチして、枝から離れたときにできた小さな穴から果汁をすかさず吸うんじゃよ。その瞬間といったら、うまいを通り越して、この世に生きていることを感謝するほどだ！　マンゴーでハイになっちゃうんだよ」

完熟すると全体的に濃い黄色に色付く

　これが知る人ぞ知る、「マンゴーハイ」である。マンゴーを愛してやまない私もまだ、このマンゴーハイの経験がない。ただでさえ食べ始めるとうっとりしてしまう私が、マンゴーハイとやらになったらどうなるのだろう……早いところ、機会をつくらねばならない。

　マンゴーはインドの宗教とも密接だ。ヒンズー教徒にとって、「マンゴーを食べること以上の幸せを探すのは難しい」と言われることもあるそうだ。また、エローラの遺跡のジャイナ教石窟群で見た、アンビカ[*013]の像も印象的だった。だって、ジャイナ教の女神がマンゴーの木の下にいるのだから。

　五月の猛暑、アルフォンソ・マンゴーを食べにインドへ行ってほしい。オールドデリー[*014]のスワーミー・ヴィヴェーカー

マンゴー農園で働く若者たち。カメラを向けると何かとパフォーマンスをしてくれた。
ここへ行くたび、私は彼らのパフォーマンスのとりこになってしまう

ナンダ・マーグ周辺や、ムンバイ[*015]のクロフォード・マーケット周辺のストリートや市場は、マンゴーストリートに変わり、売買する人で祭りのようなにぎやかさを見せる。

実は、四五年ほど前、完熟アルフォンソ・マンゴーの缶詰を日本に輸入しはじめたのは私の祖父だ。初めての試みとあって、多くの苦労話を聞いている。パイオニアとしての祖父の奮闘ぶりを思うと、これからもおいしいマンゴーを皆さんにお届けしなければと、責任を感じている……けれど、フルーツを食べる喜びの一つとしてマンゴーハイもいいもんだ。

高速道路はサファリパークである

水野仁輔

アスファルトの整備されていない高速道路はデコボコで、ただでさえ性能の低いマイクロバスは、ガタゴトと音を立てながら走っている。縦に揺れるバスの車窓から、僕は埃っぽい道とその先に見える景色を眺めた。目的地までは五時間もかかる。退屈しのぎに、どんな動物がいるのか数えてみようと思ったのだ。

　一時間もしないうちに僕は、インドの高速道路がサファリパークのように楽しいことに気付く。もちろん牛はそこらじゅうにいるし、イノシシやロバもいた。ヤギとヒツジは群れをなし、橋に差し掛かれば川を渡るバッファローを目にすることができた。サルは木に登り、ラクダはゆっくり歩いていた。

　過去の経験から言って、インドで最も多く目にする動物は、牛ではない。イヌかヤギである。彼らは何をするでもなく、あてどもなくそこらじゅうをさまよい歩いている。あれを見ると、「ああ、インドに来たな」と、いつも思う。

　次に目に留まるのは、暇そうなインド人の姿である。彼らは何をするでもなく道端にしゃがみ込んでいる。しかも誰もが両足のかかとをしっかりと地面につけるスタイル、日本で言えば〝ヤンキー座り〟だ。大抵は数人で集まっている。活発に議論をしているようでもなければ、トランプに興じているようでもない。た

誰かを待ってるわけでも何かを見物してるわけでもありません

だ座っているのである。あれを見ると、「インドっていいな」と、いつも思う。

インドで使われる悪口に「クッタ」とか「クッティ」とかいう言葉があるそうだ。ヒンディー語で「イヌ」のことである。パンジャーブ語で「ヤギ」を意味する「バックラ」という言葉が、相手を侮辱するときに使われると聞いたこともある。インドではイヌやヤギは地位が低いのだろうか。

でも僕は、インドでイヌやヤギや暇そうなインド人を目にするとなぜか落ち着く。せかせかと時間に追われながら街から街へと移動するのもいかがなものか、と思ってしまう。そんなときは決まって自分に言い聞かせる。効率を重視し、理不尽を嫌悪することよりも大事なことはある。もっと楽に行こうじゃないか、あの道端にしゃがむインド人のように……。

馬小屋での歓迎会

メタ・バラッツ

私には、とても記憶に残っている「食事会」がある。

私が思うに、インド人は食べることが好きである。また、食べるためにいろんな口実をつけては、ごちそうを用意するのである。そして一番のごちそうは、家で作った料理なのである。お祭りや祝日、大切な日には家で食事を用意し、家族を中心に親族や友人を招いてみんなで食べる。また、友人や知人を家に招いて食事をするのも大好きだ。インドでインド人と少しでも仲良くなると、彼らは必ずといっていいほど家に招待してくれる。そして、これでもかというほどの量を食べさせてくれるのである。その習慣は、都市部から離れれば離れるほど強く表れる。

友人と共に訪れたグジャラート州の村は、「これぞ、田舎のなかの田舎」といった場所だった。人々は熱く、そして温かく我々を迎えてくれた。

着いた初日にその宴は催された。一五時ごろから村の若い男たちが役割を分担して畑に行ったり、調味料を運んだり、畑から採ってきた野菜をきれいにしたりと大忙しである。歓迎会を開いてくれるとのことだったので、私はてっきり誰かの家で開催されるのだと思っていた。ところが、会場はなんと馬小屋。普段そこにいる馬を引っ張り出し、小屋の中を掃除してそこが会場になったのである。さすがに少し困惑したが、よくよく考えたらキリストも聖徳太子も馬小屋で生まれているのだから、インドでも神聖な場所なのだろうと考えることにした。

西の空に美しい夕日が傾き始める時間になってきた。先ほどから準備をする人の姿は男性ばかりだし、ほかの人が来る気配があまりなかったので私は尋ねた。

「女性は来ないのですか」。すると、馬小屋はスペシャルな場所で、歓迎会もスペシャルであるから女性は呼ばないのだとか。だから支度から全て自分たちでやるのだという。

「今回はいいじゃないか」

私はそう友人を説得し、みんなでスペシャルな歓迎会をやることになった。

料理はすべてベジタリアンだった。一人が地面に座り、薪でおこした火の隣でせっせとチャパティ[*016]を伸ばしては焼いていた。馬小屋の周りはほとんどが畑である。遥か遠くまで明かりが見えない場所だ。目の前の畑で採れたさまざまな野菜を自慢のスパイス使いで次々に料理していく。その料理を焼きたてのチャパティと一緒に食べるのである。使うスパイスの数も量も少ないが、新鮮な素材をシンプルに調理した料理は絶妙なおいしさだった。

おしゃべりと食べることに夢中になっていると、歓迎会も夕暮れに差し掛かり、辺りはだんだんと暗くなっていった。明かりはチャパティを焼くために用意した火だけである。しかし、不思議と周りが見渡せた。ふと目を上にやると、そこには今までに見たことがないような数の星が空いっぱいに広がっていた。

こんなに美しい場所があるだろうか。日本をはじめ多くの国々で絶景を見てきたが、このときほどの「息をのむ風景」は未だかつて出合っていない。

大地が一番のごちそうである。

満天の星の下、採れたての食材を次々と料理しては食べた。美しい場所で食べる料理のなんとおいしいことか。今思えば、星たちによるスパイスで、我々の宴に鮮やかな味わいをもたらせてくれたのではないかと思う。

二五歳、瞑想インド

シャンカール・ノグチ

藤原新也の「印度放浪[*017]」を片手にインドを放浪したことがある。二五歳くらいの時だ。何を求めて旅をするのか、はっきり言ってそのころはまだ分かっていない。見本になる本を手にインドを放浪して、自分は何者だろうか、何ができるのだろうかと考えながら旅していた。

ファーストコンタクトを取る時のインド人ほど心が広い人種はいないかもしれない。私の場合、インドに行く時は仕事を兼ねているが、「インドを自分で知りたい」という欲望の塊だった。現地で暮らす親戚や仕事の関係者に会ったりもするが、寺院巡りやサイ・ババ[*018]に会いに行ったりもした。新しい出会いを求めていたから、心はいつも開いていた。出会いこそ一期一会。インドでの出会いはかけがえなのない素晴らしいものになった。とはいえ、出会いがなく、寂しい時だって数えきれないほどある。……この話はまたの機会に。

さて、そんな旅を続けているなか、十代半ばからの親友、マチャと、一度だけバラナシ[*019]を目指したことがある。気心が知れていたが、よく喧嘩もした。二人ともおしゃべり好きなため、話し出したら止まらない。どうにもこうにも細かい奴で、つべこべ言ってくる。腹立つことも多々である。マチャも同じように、私に向けての愚痴はあふれるほどあっただろう。なぜなら、私は調子が良すぎたからだ。そんな二人でのバラナシを目指す旅。二人で二五歳の言葉のボクシングをしに行くことに決めたのだ。

ある日、取り引き先のニロンズ社[*020]でお世話になっているシャーさんから、ムンバイのホテルに大きな箱が届いた。中身はなんと、生の高級アルフォンソ・マンゴー。私が勢いよく食べるのを見てマチャも触発されたのか、我々はマンゴーについて語り合いながら食べ続け、二時間たらずで三〇個ものマンゴーがなくなりそうだった。しばらく食べなくてもいいだろうと思うほど食べた。友人とインドに行くと、普通では考えられない出来事が起こるものである。

そのままマンゴーを食べ続けていたいところだが、私も仕事があるので二人はいったん別れ、マチャはゴアへ向かった。後日、デリー[*021]にあるYMCAのホテルでの再会を約束して。

再会した時のマチャは機嫌が悪かった。金銭面でトラブルがあったらしい。そこで私はまた調子良く、そんなことよくあることだとたしなめたが、案の定、喧嘩になった。彼には彼の言い分があるのだ。しばらく言い合ったあと、ホテルでランチにチキンカレーを食べた。それがまた素晴らしい味で、思わず二人で目を合わせ、あまりのおいしさに、どちらからともなく笑い合っていた。思いがけず、カレーによって仲直りができたのだ。そんな思い出もあって、あのカレーの味は今でも忘れられない。

そのころの私は、自分に足りないものを身に付けたいけれど、何をするにしても遠回りはしたくないと思っていた。結局のところ、遠回りは避けられないのだが、その遠回りは、後に経験して良かったと思えたりする。少なくとも、バラナシへ行く道を選んだ時点で、随分遠回りと言えなくもない。ガンジス川にボートを浮かべ、そこで考えを巡らせれば、未来への不安は解決するかもしれないと思ったのだ。今でも我ながらいい思いつきだったと思う。その場所で我々は考え、悩んだのである。沐浴する人々、その横で洗濯をする人々、用を足す人々、死を待つ館で過ごす老人たちを、ボートに揺られ、うすらぼんやりと眺めながら。周囲の風景をはっきり見るのではなく、自分を見つめるのである。眩しい朝日を何度も見返し、朝日を見ることで雑念を払おうと必死になる。もちろん、ボートの上で瞑想したところで未来への不安は解決するはずもない。二五歳は悩み多き年頃だ。

そんな経験が、今の私の糧になっているように思う。友と過ごすインドは楽しさと安心感があるから、きっと最高の旅になるだろう。とにかく、アクションを起こすのだ！

あなたも招待客

メタ・バラッツ

「インドに呼ばれる」

どうもインドが呼んでくれるらしい。どこでどうなってこういう文句が生まれたのかは分からないが、今までたくさんの人からその手の話を聞いたことがある。

私が思うに、呼ぶも呼ばないもインドという国は自由なのだから、つべこべ言わずにぜひ、まずは行ってみてほしい。少なからず興味があるのなら、多分、それはもう呼ばれているのだと思う。そして、もしインドを気に入ってもらえたのなら、「インドへの招待状」をぜひお友達に書いてみてはいかがだろう。

変わりゆくインド。これから数年でインドは様変わりするだろう。今日のインドと明日のインド、または来年のインドは全く違うはずだ。ガイドブックやテレビで紹介されている今のインドを見たい方は、ぜひお早めに。

インドでは、人口が多いせいか、国が陸続きなせいか、大きな声で自分の意見を主張しなければ、相手になかなか通じない。私がインドの学校に入学したばかりのころ「自分の意見をしっかり持って、そして言いなさい」と、よく先生に言われたものだ。

「呼ばれる」ということは、どうしても受け身になってしまう。そうすると、なかなかインドはあなたを呼んでくれないかもしれない。もし、インドという言葉に少しでも引っかかるものがあるならば、まずは「訪ねて」みてはいかがだろう。

インドは世界最大の民主主義国家である。多くの人たちが遥か昔からインドを訪ね、インドはそれを受け入れ、独特の文化として育ててきた。同じ地区でも違う言葉をしゃべり、見た目も考え方も信仰も全く違う人たちが共存して生活が成り立つインド。

インドは常に歓迎してくれる。もし、あなたが躊躇しているのであれば、私がインドから招待状を書いて差し上げましょう。

ほら、もうあなたも招待客。

インドでナーンについて考えた

水野仁輔

インド料理のナーン（Naan）が好きな人は多い。でも、ナーンがなーんで二等辺三角形をしているのか、本当の理由を知っている人はいない。もちろん、僕も知らない。

ナーンは小麦粉で作るインドのパンである。ただ、インド生まれではなく、起源は中東諸国だと言われている。小麦粉にヨーグルト、卵、牛乳などを加えてこね、生地ができたらしばらく置く。でも、西洋のパンのようにイーストを加えてもこもこと巨大化するほど発酵させることはない。半発酵ぐらいしたら、タンドールで焼く。高温に熱した窯の内側の壁に張り付ければ、一分から二分ほどであっという間に焼き上がる。ナーンの形とその理由については諸説ある。

手のひらに伸ばした生地を広げてビターン！　と平手打ちのごとく内壁に生地をたたき付けるのだが、このときに手首にスナップをきかせるため、遠心力で生地の先が伸びる。だから次第にナーンの形は二等辺三角形になっていったのだ、という説。なるほど、確かに手首のスナップは大事だ。でも、スナップで長く伸びるほどナーンの生地はゆるくはない。ちなみに手で生地を伸ばし、手のひらに広げて焼くのはヒンズー教徒のやり方で、イスラム教徒はローラーを使って伸ばし、タオルを丸めて作る〝マクラ〟に広げて焼くと聞いたことがある。

別の説を唱えるシェフもいる。完全に発酵させることのないナーンの生地は、そのまま焼いたら食感が悪い。生地を丸く延ばしたら、一カ所をつまんでぐいっと伸ばす。そうすることで繊維が適度に切れて食感がよくなるのではないか、というのである。なるほど。そういうこともあるのかもしれない。ただ、イスラム教徒の焼くナーンは、丸型だ。オールドデリーやラクナウ[*022]のムスリム居住エリアにはナーン専門店があって、地面を掘って巨大なタンドールを埋め込んだ調理場から無数のナーンが次々と焼かれていくのを目の当たりにする。窯の中をの

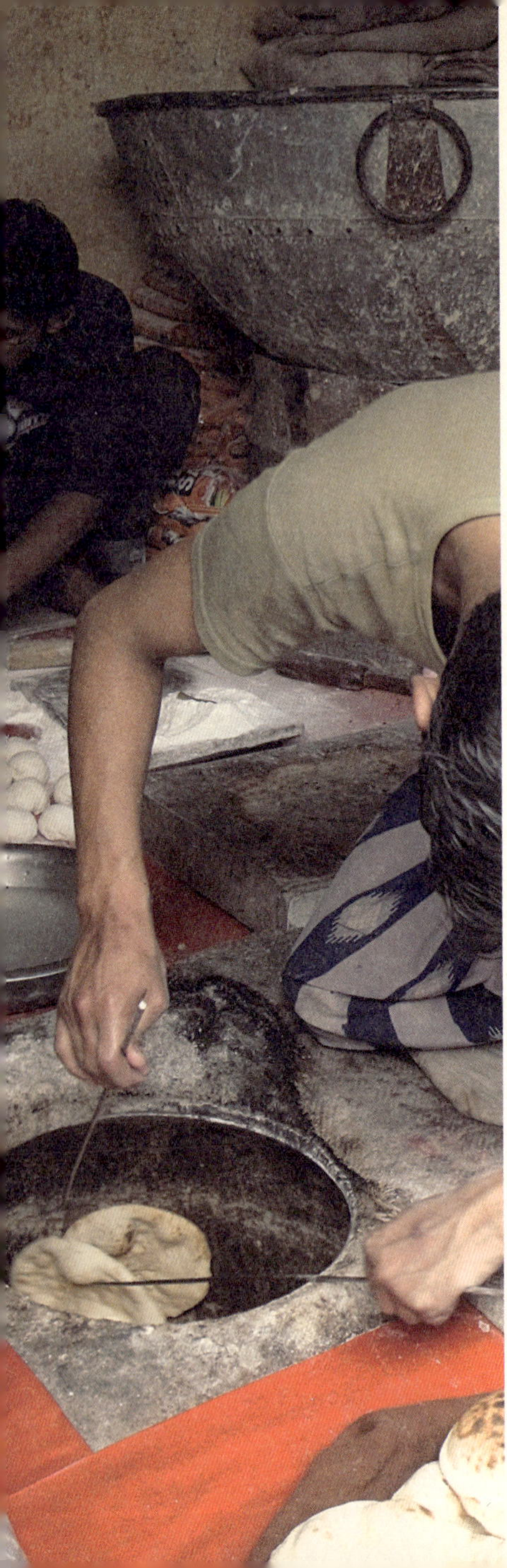

ぞくとそこには、内壁の至るところに丸型のナーンがまるで水玉模様を塗ったかのように張り付いている。一カ所をつまんで繊維を切らなくてもナーンはうまいのだ。

　さて、困った。ナーンが二等辺三角形をしている理由はいろいろ耳にするが、どれも決め手に欠けるのだ。あるインド人シェフに聞いた説はおもしろかった。

「これはね、インドの形をしてるのさ」

ほら、と言って彼は、僕に焼きたてのナーンを縦にして見せてくれた。そう、頂点を下にした二等辺三角形型のナーンは、見事にインドの地図そのものだったのである。なるほど！　そうだったのか！

　僕は本当の理由が分かるまで、当面はこの説を採用することにした。

　実は、インドのパンは一般的に知られている以上にバラエティに富んでいる。チャパティに始まり、パラタ[*023]、ロティ[*024]、プーリ[*025]などなど、さまざまな味わいが楽しめる。でも、ナーンがインド料理を代表するパンとして流行し、それを入り口にインド料理の魅力的な世界の扉を叩く人が増えるのは、すてきなことだと思う。だって、ナーンはインドの形をしたパンなーんだから。

印度式中華料理

ナイル善己

当然、インドにも世界各国の料理が揃う。だが、残念ながらそのレベルはまだまだかもしれない。しかし、ネパール、中国、チベットに近いとあって、インドでは中華料理が広く食されている。ベジタリアンの多いこの国で、安心して中華料理が食べられるのか疑問ではあるが、どうやら問題ないようだ。中華においてうま味となるだしは、鶏やエビからとることが多い。無論、ベジタリアンはそれらの料理を食べることができないが、インドではベジ用中華メニューも存在する。少数だが、コンソメのような野菜だしがあるからだ。

インド料理店の多くは北インド料理が多い。その存在は、世界でもメジャーであることから誰もが知っている。タンドーリチキン[*026]、ナン、バターチキン[*027]と日本人が大好きなメニューはどこの店にでもあるだろう。メニューページも、ベジとノンベジの二種類に分かれているのがおもしろい。さらに、メニューの中に中華料理の文字を見つけることもよくある。一つのレストランでインドと中国、二カ国の料理が食べられるのだ。まるでファミレスにでも来たかのようなお得感。エビチリを食べながらビールを飲んで、〆はキーマカレー[*028]とビリヤーニ[*029]なんてたまらないじゃないか。どうだろう、この自由に楽しめるインド料理店のコンセプト。節操のない店だなんて思わずに、カレーばかりで飽きている胃袋をこんな時に落ち着かせてほしい。

お勧めの中華料理は、ゴビマンチュリアン。「ゴビ」とはヒンディー語でカリフラワーのこと。衣を付け、油で揚げたゴビをチリソースで炒めたインドの定番中華料理だ。しかし、問題があるとすれば、中華料理なのにしっかりスパイスが効いていて、香辛料のアロマをどことなく感じることだろう。さらに、ちょっと辛いことも否めない。「インディアン・チャイニーズ」と陰でバカにする者もいるが、これはこれで、僕は結構好きだったりする。

カディとインド独立運動

メタ・バラッツ

「スワデシ（国産品）のないスワラジ（独立）は、生命のないただの屍に過ぎない」

「スワデシがスワラジの魂であるならば、カディこそがスワデシの根幹だ」

　これらはインド独立の父、マハトマ・ガンジーの有名な言葉である。

「カディ」とは、手紡ぎ、手織りの完全なる手作り生地のこと。カディはインド独立運動と非常に深い関係がある。それは自由への闘争の象徴でもあった。カディを身にまとうということは、独立を勝ち取るための団結の意味も込められていた。そして何より大事だったのは、独立するには自国の産業を確立することだった。インドの国旗の中央には、丸い模様が描かれている。それは糸を手で紡ぐときに使う「チャルカ」という糸車を表しているともいわれ、独立の象徴と共に、常に回り続けるという意味も持っているそうだ。

　インドは、綿花栽培の発祥の地である。現在もたくさんの綿花が栽培され、世界へ輸出している。その昔、アレキサンダー王がインドに侵攻してきたとき、インド産コットンを気に入ったのは有名な話だ。イギリス統治下時代、インド産綿花はイギリスに運ばれ、おもにマンチェスターでシャツに仕立てられた。そして、出来上がったシャツをインド国民が購入していた。そんな一連の流れによって自国の産業が廃れ、徐々に植民地化が進んでいったのだ。

　ガンジーは、国民に自国の産業を確立する大切さを訴えた。

「自分たちのものを自分たちの手で作る。そこに真の独立があるのではないか」

　インドには文化があり、歴史があり、広大な大地には豊富な資源がある。教育や歴史を積み重ねてきたインドには、技術や知識も豊富だ。今はＩＴばかりに注目が集まるが、独立運動の大きな柱の一つとなったカディも、大事なインドの技術、文化資産だと思う。

「糸を紡ぐ」という仕事は、女性が家庭ででき、だれでも練習、訓練をすれば習

得できる技術といえる。インドの女性はそうして働く機会を生み出したという。カディの歴史は古く、約三〇〇〇年前の文献にも書かれているそうだ。独立前は衰退しかけていたカディ産業も、独立運動で盛り返し、一時は約四〇〇〇万人の仕事を作ったといわれている。現在は徐々に少なくなってしまい、カディ産業に従事しているのは一五〇〇万人ほど。

インドでカディはとても大事にされていて、公式な国旗はすべてカディで作られている。性能も優れているカディは通気性が良く、一本一本手で織られた糸が重なることで温かさも兼ね備える。さまざまな思いが込められたカディはインドの各地方で買うことができ、地域ごとに独自性もある。手作りとあって一つ一つの違いもまた楽しい。また、自分好みの品を探してみるのもいい。ガンジーの誕生日週間（一〇月二日~地域などで異なる）には、カディのセールや展示会が各地で行われている。

また、グジャラート州をはじめ、多くの場所にあるガンジーアシュラムでは、毎日、朝早くに皆で糸を紡いでいる。そこに行けば、観光だけでは見られない、インド人の繊細さが見えてくるだろう。

魅惑のプールサイドタイム

水野仁輔

インドのプールサイドが好きだ。「インドでプールなんて見たことありません」なんて言わないで。あるのだ、高級ホテルの敷地内に。インドを旅する時には、訪れる街で必ず最高級のホテルに二連泊することにしている。最高級だなんて、まあ、浅はかな発想だと我ながら思うのだけれど、これはこれで結構大事にしている行事である。

ムンバイやデリーなどの都市には最高級クラスのホテルはいくらでもあるが、外資系のホテルに泊まるのは、他の国を訪れてもできることだから、インドの会社が経営するホテルに泊まりたい。必然的に選択肢は絞られる。タージ系列[*030]か、オベロイ系列[*031]だ。インド全土、どこへ行っても主要な街に必ずあるのは、泣く子も黙るＴＡＴＡグループ傘下にあるタージ系ホテルである。

レストランの料理が目的なら、わざわざ宿泊しなくても外から予約を入れて食事に行けばいい。でもプールサイドは大抵、宿泊客でなければ入れない。プールサイドの席に座り、パソコンを開いて原稿を書いたり、およそインドには似合わないカクテルなんかを注文して飲みながらぼんやりしたり。贅沢な時間である。東京スパイス番長のメンバーでムンバイのタージパレス＆タワーに宿泊したときは、シャンカールとバラッツが、長い間プールサイドでチェスに興じていた。僕たちは、プールサイドの時間に飽きるとプールバーへと移ったりもする。引き続きカクテルやらウイスキーやらを飲みながら、今度はビリヤードで勝負するのだ。プールからプールへの移動である。そんな夜は、ここがインドであることを忘れてしまう。

バックパックで安宿を値切って渡り歩くインドは、僕にとっては二〇世紀型の楽しみ方である。せっかくの旅だから、〝インドのようでないインド〟を体験するのも貴重な時間だと思う。

Q. ここはどこですか？　A. インドです

タンドーリチキンに恋焦がれ

シャンカール・ノグチ

インドでレストランのメニューを開くとき、まず最初にタンドーリチキンのページを探す癖が私にはある。なさそうなレストランでもしかり。タンドーリチキンとビールだけで構わないと思うことがあるくらい、タンドーリチキンが好きだ。なぜそんなに好きなのか。それは、あの食欲をそそる赤い色、鶏肉を漬け込むヨーグルトとスパイスの絶妙な組み合わせ、そして何より、タンドール[*032]でこんがりと焼かれた鶏肉の風味の良さに尽きる。焼きたてがテーブルに運ばれてきたときのスパイシーな香りといったら、悶絶ものだ。そして、タンドーリチキンにはソースが添えられてくる。いくつか種類がある中で、私が最も好きなのが、コリアンダーリーフとミントとスパイスを混ぜたソース。若干、辛みが効いているのがまたいい。ソースを付けながらタンドーリチキンを頬張ろう。「ビールのひと口目がおいしい」とよく言うが、タンドーリチキンのひと口目もまさにその通り。あの肉を頬張る瞬間に恋焦がれ、夕暮れ時になると私はいそいそとレストランに向かうのである。

　タンドーリチキンがうまいのは、都市部だと私はにらんでいる。うまかった場所を思い浮かべてみると、デリー、ムンバイ、コルカタ[*033]、ラクナウ、アムリトサル[*034]、アーグラ[*035]と、ほぼ北インド。タ

ラクナウのレストラン「ダスターカーン」のタンドールエリア

待ちに待ったタンドーリチキンがテーブルに！

ンドーリチキンは、いわばインドの焼き鳥。ビールをぐびぐびいきながらかぶりつくのが私の定番スタイルだが、最近、都市部にある高級ホテルのレストランの中にはソムリエがいる店もあるので、タンドーリチキンに合う一本を選んでもらうのもいいだろう。レストラン以外だと、露店のような店がある。店先にタンドールがあれば、必ずその近くに半焼けのチキンが串刺しになっている。色艶、うまそうな肉付き、客の入り具合の三拍子が揃っていれば、その店は間違いない。ムスリム街[*036]だと酒の販売がないので、喉を潤すのはコカ・コーラだ。この組み合わせがまたインドらしさといえる。というのは、インドのドライな気候[*037]に、甘くてシュワッとするコカ・コーラがよく合うのだ。インドに来たらぜひ、この組み合わせを試してみてほしい。気候と食べ物が密接な関係にあることが、よく分かるはずだ。そうそう、ソルトラッシー[*038]もよく合うんだった。インドでの一日の終わりにいかがかな。

祖父、A.M.ナイルについて

ナイル善己

ナイルレストランの創業者であり、僕の祖父でもあるA.M.ナイルは、インド・ケーララ州の出身。若かりしころ、イギリスの植民地支配に反発して学生運動に参加していたと聞いている。運動が活発化し、当局から目を付けられる存在にまでなったそうだ。そこで、当局からの拘束を免れるように、京都大学への留学を機に日本へやって来た。そして当時、日本国内で独立運動家として活動していたラシュ・ビハリー・ボース氏と出会ったことがきっかけで、祖父はインド独立運動の世界へ歩み出した。元来の物おじしない性格と巧みな語学力で、世界中で暗躍するまでの大きな存在になったという。

インドが独立してから約二年後の一九四九年、日本初のインド料理店「ナイルレストラン」が銀座に誕生した。「日印親善は台所から」をスローガンに、祖父は日本でインド料理を広めた第一人者でもあったのだ。運動家としての顔、レストランオーナーとしての顔、いずれも厳しい人物だったが、僕たち孫に対してはちょっと、というか、かなり甘かった記憶がある。

僕がナイルレストランに勤めるようになってからのこと。

「僕はね、今でも君のおじいさんのことは忘れないし、ずっと感謝しているんだよ」

とある中年の男性に、何度もそう聞かされたことがある。その男性が学生のころには、まだ珍しかった外国料理。意を決して入ったナイルレストランで食事をした時に、A.M. ナイルはその男性へこう言った。

「今日の食事代はいらないよ。君はきっと苦労している学生だろ？　日本は戦争に敗れ、これから復興しなければならない。その日本の力になる大切な学生さんだ。君が仕事をするようになって、家族を持ったらまたいらっしゃい」

その中年男性は、当時を思い出しながら熱く語ってくれた。祖父は自分の損得ではなく、日本を本当に第二の祖国だと思ってそうしたのだろう。僕は祖父の存在をとても誇りに思った。だから僕も祖父の意思を受け継ぎ、日本に帰化せずにずっとインド国籍のままでいるつもりだ。

一九八四年、インド独立運動の功績が評価され、天皇陛下より勲三等瑞宝章を授与された祖父。晩年は、日本が寒い時期はインドで過ごし、暖かくなると日本に戻ってくるという生活をしていた。相撲が大好きで、よく一緒にテレビを見た思い出がある。お寿司もよく食べ、とにかく日本の文化が大好きだった。そんな祖父も一九九〇年、インドで穏やかに最期を迎えた。ヒンズー教の教えに従って、遺骨の半分をガンジス川に流し、半分は日本へ持ち帰って仏教式に弔った。

三浦半島の海からすぐ近く、見晴らしの良い高台にある祖父の墓は、日本からインドが眺められるようにと、故郷インドの方角に向けて建っている。祖父がそこから日本とインドの平和を祈ってくれているような、そんな気がしてならない。

RATHEESH

十一人の愉快な小人たち

メタ・バラッツ

彼らは、確かムンバイに住んでいた。私が一〇歳くらいのころにインドに行った際、よく遊びに訪れていた。正確には、彼らが一一人いたかどうかは分からない。しかも彼らは背が低いわけではなく、どちらかというと大柄だったように思う。いつからか、私は彼らのことを「一一人の小人」と愛称を付けて呼んでいた。

彼らは二〇人くらいの大家族で大きな屋根の下に住んでいた。パンジャーブ州出身だったため、男性は皆ターバンを巻いたシーク教[*039]であった。インドでは数世代はもちろん、親戚まで同じ家に住んでいることは珍しくない。いとこ同士が一緒に住んでいることも多いので、大人になっても家族のように仲が良い。印象に残っているのは、家族の多さに加え皆の職に対するこだわりだ。彼らは一族で運送会社を経営していたため、大人たちは皆会社の役員だったのかもしれない。

また、「一一人の愉快な小人たち」が食べるご飯の量は、本当に多かった。彼らの家に伺うと、だいたい料理を用意してくれるのだが、それがとてもおいしいのである。料理へのこだわりは熱く、毎朝出来たてのパニールを買いに行くほどだった。パニールとは、カッテージチーズのようなものだが、出来たてが抜群においしいのだ。素材のミルクと作り方が良ければ、なお素晴らしい。彼らは乳製品の質の高さを誇る、故郷・パンジャーブ州から毎朝やって来る列車の車掌に頼み、ムンバイ駅までパニールを運んでもらっていたのである。それほどまでのこだわりを当時の私は若く、よく分からなかった。そして残念なことに食べなかったのである。

何年か前にパンジャーブ州を訪れた。郷土料理に舌鼓を打っているときに、食べられなかったあのパニールの味をふと思い出し、うれしくなったものである。

インド料理を十倍おいしく味わう方法

水野仁輔

うますぎて絶句することほど幸せなことはない。

インド料理を食べて言葉を失ったことが僕には二度ある。一つは、南インド、コチ[*040]のレストラン「グランドホテル」で食べたフィッシュカレー。もう一つは、東インド、コルカタのレストラン「カストゥーリ」で食べたフィッシュカレーだ。うますぎて絶句した。モグモグしていた口を閉じ、黙ったまま深いため息をつく。そのため息が、呆然とする僕に追い打ちをかけた。鼻腔から抜けていく空気は恐ろしく豊かな風味を脳裏に残し、辺りに消えていくのだ。

あんな体験は、めったにできることじゃない。おそらくゴルファーのホールインワンと同じくらい貴重なことだろう。どちらの料理も、恐ろしく豊かなあの風味のせいに決まってる。インド料理は風味を楽しむ料理であると断言してもいい。

コチのカレーは、ココナッツオイルとカレーリーフ[*041]、コッカム[*042]、そして魚の香りだろう。コルカタのカレーは、マスタード油とカスンディという調味料、そして淡水魚の香りがあの風味を醸し出しているに違いない。カスンディとは熟す前のマンゴーを煮た果肉と、すりつぶしたマスタードを合わせたベンガル料理特有の調味料である。そこで気が付くことがある。インド料理で風味を生むものは、スパイスだけではないということだ。

パンジャーブで活躍するギー[*043]やタミル地方で使われるごま油だってかぐわしい。油にはじまり野菜やフルーツ、豆、肉、魚など、ありとあらゆる食材の香りが重なり合って一つの風味を形成する。それを僕たちはインドの空気と一緒に口に運ぶ。得も言われぬ風味はさまざまな要素の共同作業によって生まれているのである。ううむ、全くもってインド料理は難解だ。

ただ一つだけ言えることがある。インド料理を食べながらため息をつくのは危険である。豊かな風味に脳がクラクラする事態に気を付けなければならない。

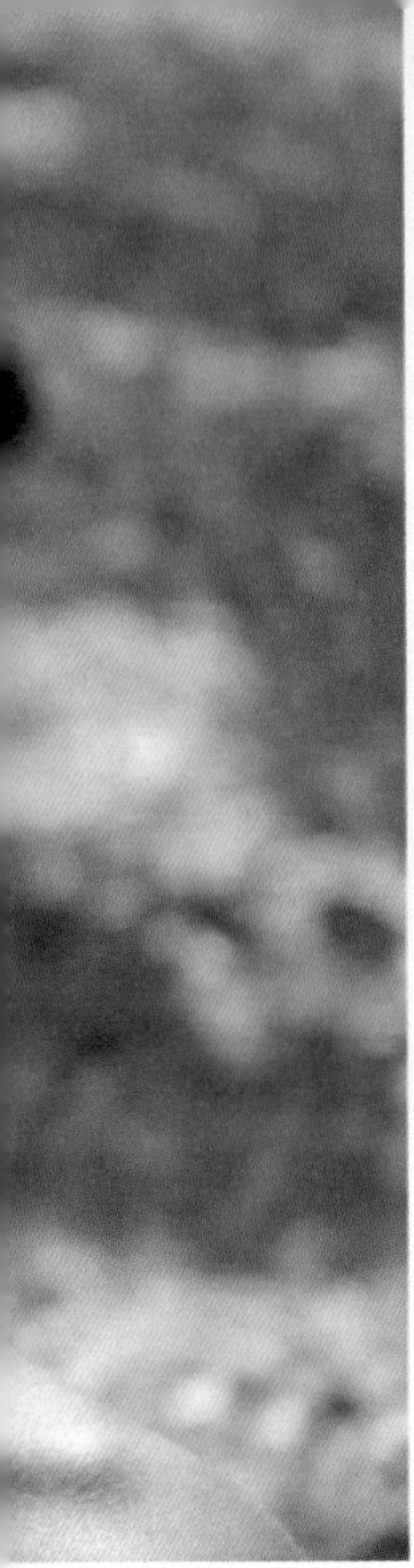

瞳に輝くインドの未来

メタ・バラッツ

世界の七人に一人はインド人である。そして、二五歳以下の人口だと四人に一人はインド人である。

ぜひインドに行ったら聞いてみてほしい。「あなたの将来の夢はなんですか」と。きっと、多くのインドの若者たちが明確に、そして生き生きと自分の夢を語ってくれるだろう。

インドを旅したことのある多くの外国人が、口をそろえて言うことがある。「インドの子供たちの目は輝いている」と。

私は思う。インドの若者たちの目には、将来が見えているのだと。あの目には希望や夢が詰まっていて、それが光となり、瞳を輝かせているのだ。私はその時代に生きていないが、もしかしたら高度成長期の日本も同じだったのではないだろうか。

インドでの学生時代、私はさまざまなことを経験した。その中で何よりも得難く、今でもうれしく思うのは、夢を語る仲間がいることである。インドで過ごしたのは十数年前だ。その後、同級生は世界各国のいろいろなフィールドで活躍している。今ではほとんど会うことはないが、たまにインドやほかの国々に行ったときに酒を酌み交わしたり、食事をしたりしながら昔話に花を咲かせることがある。そして、今自分がやっていること、これからやりたいことなどを話すのがとても好きだ。語り合いながら同時に活力、そしてわくわく感をもらうのである。

インド教育はスパルタである。ダイヤ

モンドの原石はそれによって磨かれ、高校や大学を卒業するころには即戦力として社会で活躍できるようになっている。
情勢が大きく変動していくなか、インドの若者たちは何を見て、何を感じ、そして何を夢見ているのか。近い将来、インドへのアクセスがより便利になり、日本からたくさんの若者がインドへ足を運ぶことになると思う。日本の若者とインドの若者が活発に夢を語り合い、共に切磋琢磨していく光景を思い浮かべるだけで心が躍る。
インドへ行った際には、ぜひたくさんの若者と話してほしい。
もしかしたら、あなたが持つインドのイメージが、ガラッと変わるかもしれない。

嗚呼、憧れのタンドール

水野仁輔

自宅にタンドールがほしい！　と思ったのは、ムンバイのムスリム街をさまよい歩いたときのことである。夕暮れを過ぎて辺りは薄暗くなり始め、見知らぬ通りを歩く僕の胸に一抹の不安が宿る。足取りは徐々に速まり、ホテルへの道を急ぎ始めたそのとき、道の片側にズラリとタンドーリチキンが並ぶ光景に出くわした。

各店にガラス張りの安っぽいショーケースがあって、ちょうど目の高さに置かれている。裸電球の強烈なライトに照らし出されたオレンジ色の鶏肉たちを見ていたら、無性に立ち食いをしたい衝動に駆られた。どの店がいいだろうかと物色する。大抵の店が、日本の焼き鳥屋のような横に長い炉に木炭を敷き詰めて、チキンやマトンを串焼きにしていたが、一軒だけタンドールをドンと構えた店があった。店のオーナーは「どうだ！」と言わんばかりの誇らしげな顔をしている。あの堂々たるタンドールのまぶしかったこと……。

ああ、これが我が家にあったら楽しいだろうなぁ。キッカケとは単純なものである。料理カメラマンに「買っちゃえばいいじゃん」とそそのかされ、僕は自宅にタンドールを構えることにした。するとカレー店のオーナーが「TANDOOR」という洋書をプレゼントしてくれた。仲のいいインド料理シェフは、自宅で手とり足とり扱い方を教えてくれた。暇さえあれば僕は自宅でタンドールパーティーを催すこととなる。ムスリム街に始まったタンドール熱が、ここまで日々を刺激的にしてくれるとは思わなかった。

半年ほどたった夏の日、とあるパーティーで一人のインド人が僕を見て、突然こう言った。

「もしや君の家にはタンドールがあるのかい？」

「ど、どうしてわかるんですか？」

「右腕の内側に火傷の痕があるじゃないか」

あれには驚いた。高温の窯に手を入れてナンを焼いていると、窯の縁で火傷をするのだ。自宅にタンドールがあればこそ。この火傷の痕は、いわばタンドールオーナーの勲章なのである。僕はあのとき、ムスリム街のオーナーと同じように誇らしげな顔をしていたに違いない。

ご当地スイーツ

メタ・バラッツ

旅の楽しみの一つは、やはり食である。

先日、私は北海道に行ってきた。六花亭の「バターサンド」は、やはり買いたくなるものである。私が住んでいる鎌倉でも「鳩サブレ」に「クルミッ子」、「シラスせんべい」などの定番土産があり、観光客に大変人気がある。

日本全国、大なり小なりさまざまな街や村、地域で独特の名物スイーツが存在し、昔から訪れた人たちを魅了し続けている。

インドを旅した際には、ぜひ、カレーやナン、ドーサ[*044]やイドゥリ[*045]だけでなく、各地域にある名物スイーツもご堪能いただきたい。

タージ・マハルがあるアーグラに行ったら「ティル・パプディ」。ゴマをベースに、薄く焼いた甘いせんべいみたいなものである。ムンバイなら「マヒン・ハルワ」、ガンジーや現インド首相の田舎、グジャラート州のバウナガルに訪れたら「ガティア」は欠かせない。バウナガルにほど近い、私の祖父の田舎でもガティアが有名だが、スペシャルな「パッジ・ガティア」というものもある。食の都、スーラット[*046]では「ガリ」、マハラジャが有名なバドダラでは「チュウドゥ」。東の方ではコルカタの「グラブ・ジャムーン」、ムンバイから近い避暑地ロナウラの「チキ」は、あまりにも有名である。

私が学生時代を過ごした南インド、タミル・ナードゥ州にあるウーティでは手作りチョコレート。そこからさほど遠くないマイソールでは「マイソール・パーク」なるものがあり、これはほかの地域でも購入できる。

これらはインドで有名な「ご当地スイーツ」のごく一部。そして全てに共通しているのが、非常に甘いことだ。インド全土津々浦々で、ご当地スイーツは必ずある。熱く甘いチャイと、ご当地スイーツを旅の楽しみの一つにしてはいかがだろう。あなたのインド時間は、より甘く濃密になること間違いなしである。

私の田舎のグジャラート州は砂糖の生

屋台名物「ジャレビー」。揚げたてはより美味

産が豊富で、皆、甘いものが好きである。定かではないが、グジャラート州は人口当たりにおいて、糖尿病の患者が世界一多いそうである。

魅了され過ぎず、程よい距離感を持って楽しむのも大事なことなのかもしれない。

それはインドの付き合い方に似ていたり、似ていなかったり。

数々の名物スイーツ。ひと口食べればあなたも虜に……

ウダイプルでマハラジャ気分

シャンカール・ノグチ

マハラジャ[*047]のウダイ・シング二世[*048]が造った都、ウダイプル[*049]は、芸術都市として大理石像、ガラス工芸、銀細工、ミニチュアペイントが有名だ。そして、ウダイプルにはマハラジャが造った三つの宮殿がある。一つ目が街側にあるシティ・パレス、二つ目はピチョーラ湖[*050]の真ん中に浮かぶタージ・レイク・パレス、三つ目は雨期になると山側に移動して過ごしたといわれるモンスーン・パレスである。なんと優美なことか。現在は、シティ・パレスの一部とタージ・レイク・パレスが宮殿ホテルとして宿泊できるようになっている。私はマハラジャが造り上げた都で当時に思いをはせながら、まるでマハラジャのように過ごしたことがある。

専用の船着場から向かったのは、湖に浮かぶタージ・レイク・パレスだ。そこへ行くには、ボートをゆっくりと漕ぎ入れる。オールを漕ぐのも、荷物をボーイに渡すのも全ておまかせ。全身全霊私はくつろいでいる。インドでの移動における雑踏は、ときにすさまじいこともある。だから、このように高級ホテルで過ごし、ラグジュアリーな暮らしを体現する喜びを数日でも味わうのは、精神的にとてもいい。

フラワーシャワーで出迎えを受け、シンメトリーにデザインされた中庭を通り抜けながら、コンシェルジュに部屋まで案内してもらう。ここに滞在するときの大切なポイントをお教えしよう。このホテルを予約するときは角部屋に限る。二七〇度の景色が堪能でき、湖上から眺める夜のシティ・パレスは絶景だ。

さて、豪華絢爛、贅を尽くして建てられた宮殿で、優雅な時間を過ごすとしよう。まずはアーユルヴェーダ[*051]を受けてみた。私はシロダーラといわれる脳のマッサージをお願いした。第三の目といわれる額の中心に、一五センチくらい上から人肌ほどの温度のセサミオイルを絶え間なく垂らしていく。意識が遠のいたり戻ってきたりするうちに、すーっと眠りに落ちてしまった。施術後は頭皮がスッキリし、深いリラックス効果によってひたすらゆったりと過ごしたくなる。ベッドで横になるのもいいし、自分に合った配合のハーブティーを作ってもらって、中庭で飲むのもいい。

シティ・パレスで見学したマハラジャの書斎はなんとも艶やか

夜は最高級のインド料理を堪能しよう。その後、中庭でラジャスターン州のショーが楽しめる。一流のミュージシャンやダンサーによる伝統舞踊だ。演奏が始まり、優美な世界へと誘われ、しばらくするとダンサーたちが音楽に合わせて踊り始めた。次第にタブラー[*052]のリズムが早くなり、きらびやかにメロディーが重なり始めたと思ったら、ダンサーたちの頭には炎の壷が燃え、くるくると回っているではないか。しかももものすごく早いスピードで！　観客が興奮状態になったところで演奏が落ち着き、終演を迎えた。

翌日はシティ・パレス見学だ。宮殿内は、孔雀をモチーフにした装飾品が数多く置かれている。きっとマハラジャのお気に入りの動物だったに違いない。書斎や空中庭園、柱や壁の装飾、絵画、ステンドグラス、すべてが壮麗で、ムガル時代の栄華を心にとどめておくには絶好の場所である。

最上階から私が宿泊したタージ・レイク・パレスを眺めていると、当時のマハラジャ、マハラニ[*053]の姿が見えたような気がした。

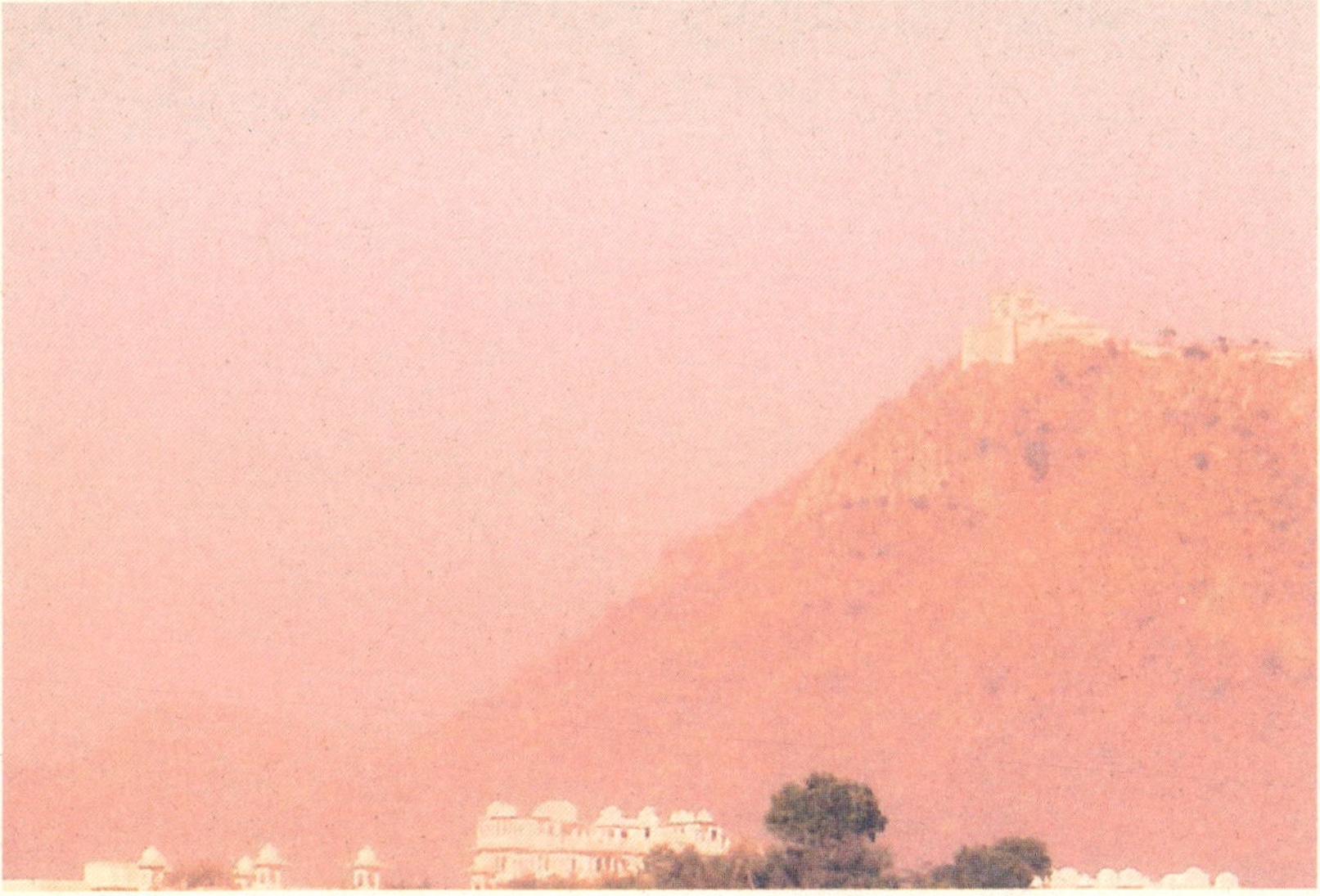

レイク・パレスから望んだ、幻想的なモンスーン・パレス

雅な世界へようこそ。レイク・パレスでの演奏会

今の俺は大統領より偉い!!

メタ・バラッツ

Mayur Patel（マユール・パテル）。彼と初めて会ったのは何年前だろう……。

私が彼と出会ったのは、横浜にある研修センターのような場所だった。彼は背が高く、声がよく通り、威風堂々としていた。うしろ姿は、自信と将来への希望があふれ出ているような男だった。何より目が輝いていた。

現役のソフトウエアエンジニアであり、インドでも有名なプロバイダーの会社で働いていた。彼はベジタリアンとあって、日本では常に食べるものに苦労していた。また、私と同郷（グジャラート州）ということもあって、我が家へ豆や野菜のスパイス料理を食べによく来たものだ。会うたびにいろんなことを話した。五歳ほど私より年上とあって、相談にのってくれたりアドバイスをしてくれたり、頼もしい兄貴みたいな男であった。

日本での三、四カ月の研修期間が終わり、新婚の彼は妻が待つグジャラート州はガンディーナガル[*054]へ戻っていった。

それから約一年後、私は彼が暮らすガンディーナガルを訪れた。実をいうと私は、インドで彼のような人がどのような暮らしをし、どのように仕事をしているかにとても興味があったのだ。

再会を喜んでくれた彼は、私を彼が勤める会社や仕事仲間の職場に案内してくれた。日本から帰国して間もなく彼はインドの一流企業の部長になり、ワンフロアを任される存在になったという。一週間ほど一緒に過ごし、彼の奥さんの実家や私の祖父の故郷、サワークンラ[*055]にまで車で連れて行ってくれた。初めて訪れた祖父の田舎は遠く、だが、なぜか懐かしく感慨深かった。

そして二人で向かったのは、グジャラートへの旅の最終目的地である彼の故郷。そこは少し大きな街から車で三時間ほどのところにあり、道路ともいえない道を車で走ってたどり着いた。彼の故郷に近付くにつれ車の数は少なくなり、バイクを多く見かけるようになった。

「田舎ではバイクを持つのがステータスなんだよ」

運転しながらマユールが言った。故郷に近付くにつれ彼は饒舌になり、昔のことをいろいろと教えてくれた。村に学校がなかったため、自転車で毎日三時間かけて通っていたこと。一生懸命勉強し、奨学金などを利用して高校や大学に入学したこと。村には国が作ってくれた病院はあるが、医者が一人もいなかったこと。そして誰よりも強く、自分の田舎を出ていきたいと思っていたことなど。

田舎には、私たちが到着する時間を伝えてあったのだろう。小さな集落が見えてくると、人々が家からぞろぞろとインド人特有の笑顔で出てきた。いつものように、横とも縦ともいえない独特な顔の振り方で……。

彼の実家では、最初にサトウキビを丸

のどかな田舎の風景。ゴミがなく空気が美しい

ごとふるまってくれた。みんなでおもむろにサトウキビをかじりながら甘いエキスを吸い取るのだ。

「これが最大の歓迎なんだ。大事な客人が来たら自分の畑のサトウキビを収穫して、一番フレッシュなものを渡すんだ」

マユールが教えてくれた。最初は困惑したが、マユールの説明と彼の両親の温かい笑顔で、サトウキビがより一層おいしく感じられた。

その後、小さな村の中を案内してくれた。村で唯一のキオスクのような店ではパーン[*056]が売りだそうで、試しに一つもらってみた。店主は村人全員の味の好みを覚えているといい、一人一人に対して違う味のパーンを用意しているという。

そして何より驚いたのが、村にはゴミ一つ落ちていることなく、空気がきれいで実に清潔なこと。インドに関する本やテレビ番組などの情報だと、インドは汚くて臭いというイメージが付いて回って

グジャラート、お寺へと続く山道

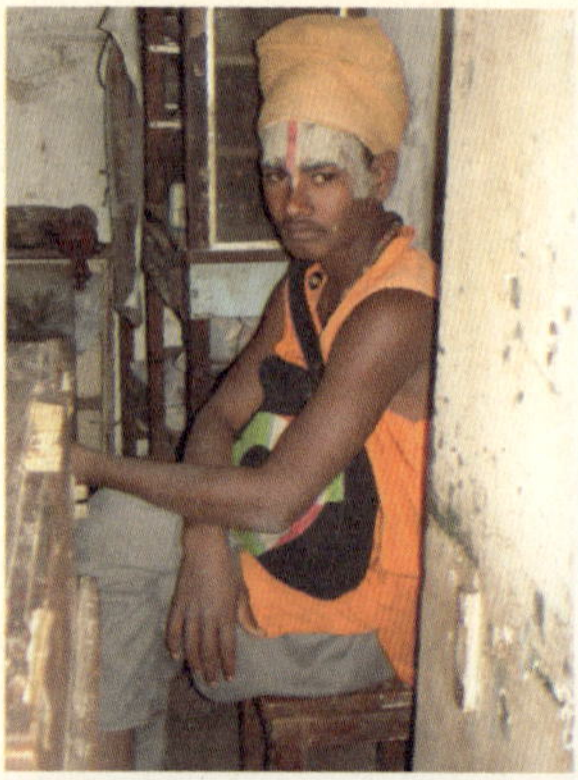

〔右上〕旅の途中で出会った男と少年　〔左上〕グジャラート、旅の途中の寺院にいた修行僧
〔右下〕私の故郷にて。カディを製造するすてきな笑顔の老人　〔左下〕マユールの両親。サトウキビと共に迎えてくれた

いるが、この村にはその印象がなく、実に過ごしやすいのだ。家の壁は牛の糞と草を混ぜ合わせたものでき、村に唯一あるキオスク（のような店）を除けば、人工的なゴミがないのだから当然といえば当然なのかもしれない。「インドという国は広いなぁ」と感じる瞬間でもある。

　夜空は今まで見たことがないほどの星で埋め尽くされ、星と月だけの明かりのもと、久々に帰郷したマユールと私の歓迎会が開かれた。

　歓迎会の後には、若者たちがマユールの話を聞きに月明かりのなか畑に集まり、彼の都会の生活や日本での体験、勉強の大切さなどの話に聞き入っていた。

「これからインドはどんどん伸びるし、誰にでもチャンスはやってくる。チャンスをつかむには勉強したり世界を知ったり、さまざまなことに興味を持つことが大事なんだ。要はチャンスをつかむ準備をするんだね」

マユール一家と、彼の義父のマンゴー農園

優しく、しかししっかりと若者たちの目をみて話すマユールを見ていたら、なんだか胸が熱くなった。

二、三日の滞在期間中、いろいろな人たちに会った。村で唯一のお医者さん。あと数日で死んでしまうであろう老人。マユールの幼なじみ。老人たち。若者たち。会った全ての人がマユールを知っていて、彼に尊敬や親しみのまなざしを向けていた。

村をたつ日、多くの人たちに見送られた。何十人という人たちに。

「ここの村では俺は大統領より偉いんだ。みんな期待してくれているんだ。若者たちの目標になりたいし、彼らにこれからもいろいろと教えてあげたい。いつか村に恩返しがしたいんだよ」

彼の目は涙であふれていた。

東京スパイス番長がインド的にお答え！

INDIA Q&A Vol. 1

Q01

インドにいる時の
心構えは何かありますか？

どんなことがあっても怒らないこと。「これでいいのだ」の精神があれば、インドは優しくしてくれます。〔水野〕

リラックスして楽しもうと思う気持ちと、客引きから逃げる心構え。〔ナイル〕

Q02 怪しい人の見極め方は？

基本みんな怪しく見えるよね（笑）。〔ナイル〕

なかなか難しいですね。基本的に知らない人から声をかけられたら怪しみましょう。〔バラッツ〕

Q03 道はどうやって渡ればいいですか？

道を渡るのがうまそうなインド人の真後ろにピタリとくっついて行きましょう。〔水野〕

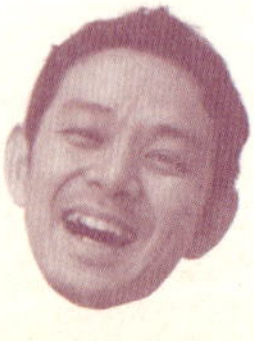

Q04

インド人と仲良くなるコツは？

新聞貸したり、ライター借りたりから始まる。「どこから来た？」って質問してもおもしろいよ。〔ナイル〕

人懐っこく、ニッコリと近づく。〔シャンカール〕

全世界共通です。日本ではどうしてますか？〔バラッツ〕

Q05

盗まれたり騙されたりしたら
どうしたらいいですか？

諦めてー（笑）。〔ナイル〕

物にもよりますが、大切なものなら警察や大使館などしかるべきところに行った方が良いですよ。たいした物でなければ思い出としてとっておいてください。〔バラッツ〕

第二章

驚

標高四〇〇〇メートルのチャパティ

メタ・バラッツ

チャパティをご存知だろうか。

最近日本では、「インド料理」とひと言でいっても多義にわたるようになった。ひと昔前なら、インド料理といえば北インド料理が主流だったが、今では南に東、そしてフュージョンなど、さまざまなインド料理が楽しめるようになったものだ。技術を持ったたくさんのインド人が日本に働きに来るようになり、インドの家庭料理も徐々に注目されているようだ。普段、インド料理店では使わないスパイスによるヘルシーな味付けも紹介されている。

私は幼いころ、父の両親とも一緒に暮らしていた。そして私が最初にインドの料理とかかわりを持ったのが「チャパティ」である。チャパティはロティとも呼ばれ、北インドを中心にインド全土の家庭で主食として親しまれているもの。基本的に「アター」という小麦の全粒粉を水で練って耳たぶほどのかたさにし、打ち粉と共に円形に平たく伸ばし、フライパンみたいなもので軽く焼いて最後は直火にかけて一気に焼き上げる。そのふわっとした食べ心地は表現に難しく、私などはお腹が空いていれば軽く一〇枚は平らげてしまうだろう。

私が最初にチャパティを作ったのは、確か三、四歳のころ。祖母に教わりながら一緒に作ったのをかすかに覚えている。だから私にとってチャパティは、「インド料理」に最初に触れた特別な食べ物なのである。

最初に作ったチャパティから約三〇年。いろんな場所でチャパティを焼いてきた。幼稚園や小学校、さまざまな施設やワークショップ。最後に直火で焼くときにプクゥッと膨らむチャパティの様子は、皆を楽しませてくれた。なかでも思い出に残っている「チャパティ焼きシーン」をいくつか紹介しよう。

第一位はもちろん、祖母とチャパティを焼いたことだが、二位か三位に入っているのが、標高四〇〇〇メートルで焼いたチャパティだ。

街の食堂で、生地をさっと広げヒョイッとフライパンに投げるチャパティ職人

今から七年か八年前、縁あってヒマラヤを登ることがあった。登山の経験がほとんどなかった私だが、約一〇日間かけてゆっくりと標高約五五〇〇メートルまで登り詰めた。ゆったりとした傾斜を、ミュールと呼ばれる馬のようなロバのような動物の背に、テントや食材、調理器具を積んで、雄大な景色、移り変わる天気を楽しみながら登った。登山の最中、もちろん食堂などはなく、食事の時間のたびに自分たちで調理をする。登山ガイド兼調理人の指導のもと、テントなどを設置し、火をおこして調理をするのだ。

ほとんど毎度、昼食と夕食に用意したのがチャパティだった。重い小麦粉をミュールに積ませ、チャパティだけは毎食欠かさなかった。それを思うと、インドの人々にとってのチャパティの立ち位置というか、重要性は大したものだと感心せざるを得ない。

私もできる限り調理の手伝いをし、チャパティを焼かせてもらった。毎日というほど焼いている主婦たちのチャパティ焼きのスピードや、どんなところでも準備を怠らずチャパティを焼く登山ガイドには、その都度驚かされた。嵐のなかテントを張り、その中でチャパティを焼いて食べたのは格別においしかった。

標高四〇〇〇メートルのチャパティ。どこにいても同じ材料で同じように伸ばして焼く。それがとてもおいしいのだ。

小麦粉と水だけで作るチャパティ。歴史をひも解いてみると、八〇〇〇年近く前からあるとも言われている。古代から道具は変われど、食べ方は変わらず大事に継承されてきたのかと思うと、チャパティ一枚が壮大なインドの歴史のなかをひらひらと舞っている姿が目に浮かぶ。

そして、どんな状況でもチャパティを焼くあの姿勢は、日本人が米に寄せる思いと少し似ているのではないか、などと思ったりした。

最近日本でも、チャパティを出すインド料理店が増えてきた。ぜひ機会があったらナンやご飯の代わりにチャパティを食べてみてはいかがだろう。そしてインドに行くことがあったらぜひ、さまざまな状況でチャパティを食べてみてほしい。もしかしたらチャパティに乗ってインドの歴史を旅することができるかも……。

タクシードライバーとの決闘

水野仁輔

空港まで四人で五〇〇ルピーでいい。そう言われたから僕らはタクシーに乗った。大学四年の卒業旅行で初めてインドの地を踏みしめたときのことである。ひと通りの〝インドの洗礼〟を味わいながら刺激的な旅を終え、帰国の途につく直前に最後の事件は待っていた。空港で荷物を下ろし、約束通りのお金をドライバーに渡そうとすると、彼は話が違うと顔をしかめた。

「一人あたり五〇〇ルピーなんだから、四人で二〇〇〇ルピーだ」

「はあ⁉」

乗り合わせていた僕たち大学生四人が一斉に声をあげた。

「何言ってんだよ！」

「四人で五〇〇だってお前が言っただろ！」

口々に抗議するが、言えば言うほど相手も抵抗を強めた。ひるむ理由は一つもない。だって、相手が一〇〇％悪いんだから。一緒にいた東京大学の女子学生がキッパリと力強いひと言を放った。

「It is your fault!（あなたのミスだ！）」

毅然としていて頼もしい。彼女の完ぺきな英語は、そのイントネーションまで耳に残っている。さすが東大生。冷静さを失いかけた事態で、こんな的確な英語表現が出てくるなんて……。ただ、それ以上に僕を驚かせたのは、ドライバーの態度である。なんと血相を変え、僕らにつかみ掛からんばかりに詰め寄ってきたのである。

意表を突かれ、その場の空気がピンと張りつめた。訳が分からない言葉でわめきながら詰め寄るドライバー。あくまでも正論を通しながら、ジリジリと空港の入り口へと近づく僕たち。インドで一触即発はゴメンだ。僕は突然、五〇〇ルピーを手にドライバーの車へ駆け戻った。開いた窓から運転席へ紙幣を放り込んでこう叫んだのである。

「二〇〇〇ルピーでいいんだろ？　車の中に入れたから見に来いよ」

ドライバーは眉をひそめたまま急ぎ足

タクシーのボンネットは、ときに運転手のくつろぎの場にもなる。なんて自由

で車へと駆けてくる。すれ違いざまに僕は叫んだ。

「逃げろ！」

　空港に入ってしまえば、彼は追って来ることができない。僕らの背中には、五〇〇ルピーしかないことに気付いたドライバーの怒号が飛んだ。僕たちの正義は、理不尽なインド人を負かしたのである。その後、あの事件は僕のちょっとした武勇伝となった。

　話はこれで終わらない。何度もインドを訪れるようになってからずいぶんたって、ようやく気付いたことがあるのだ。あのときの出来事は、武勇伝でもなんでもなかったんだ、と。むしろ、インドを旅する人間の態度としては失格だった。

　オートリクシャー[*057]に二人で乗って、全く同じ手口で倍の料金を請求されたことがあった。でも、そのときは、目的地にたどり着いた喜びと、大した金額ではなかったことから僕には余裕があった。リクシャーワーラー[*058]の肩を叩きながら声を掛ける。

「まあまあ、最初に約束した金額でも結構もうかってるでしょ？　チップ多めに払うから、二倍だなんて言わないでよ」

　彼のリアクションは極めて意外だった。「てへへ」と、いたずらっ子のように無邪気に笑い、要求した額よりはるかに安いお金を素直に受け取ったのだ。彼が本気で約束の倍額を請求しようとしているわけではないことを知り、ハッとした。このとき、僕の中でインドに対する印象がガラリと変わったのだ。

　僕たちはインドに戦いを挑みに行っているわけではない。旅を楽しみたいと思って行っている。始めからこちらが臨戦態勢では、起こさなくてもいいイザコザを起こす結果になりかねない。インドを旅するときに最も携帯してはいけないものは、中途半端な正義感である。少々だまされたって、別にいいじゃないか。少々理不尽な目に合ったって、別にいいじゃないか。気持ちを切り替えて楽しくいこうぜ。そんなスタンスになった途端に、インドの方が態度を変えてくれる。あの瞬間をうまくキャッチできれば、もうインドの旅には楽しいことしか待っていない。

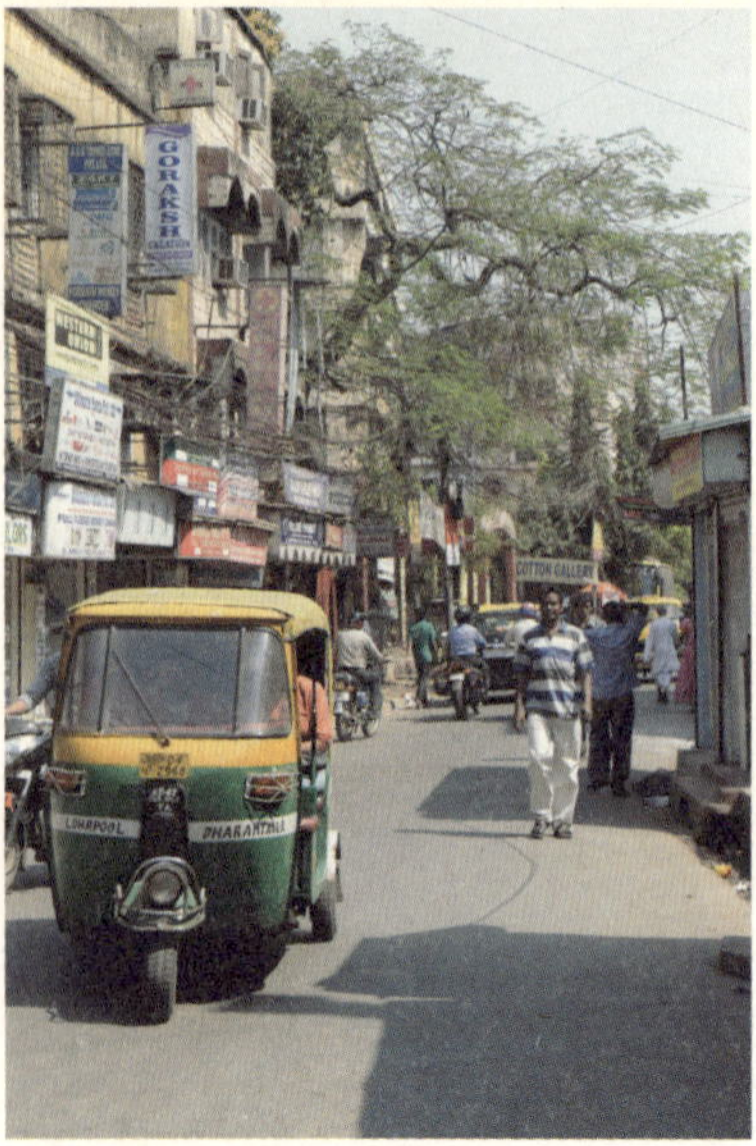

街中を走るオートリクシャー。安くて便利

リクシャーには、人力で動かすタイプもある。最近のインドではあまり見ないが

シェイクスピアとインド教育

メタ・バラッツ

私は青春時代をインドで過ごした。

東京で生まれ、一歳から神奈川県の鎌倉に移り住んだ。インドとアメリカの位置関係も、フランス語とヒンディー語の違いもよく分からず、小・中学校は地元鎌倉の公立校に進み、私の名前はカタカナだが、ずっと日本人だと思い過ごしてきた。インドには幼いころから年に一、二回、家族と旅行のような感覚で訪れていた。言葉が通じなくても同じ年くらいの子供たちと戯れるのが楽しかったが、小学校高学年になるにつれ、私の気持ちはインドから離れていった……。

今思うと恥ずかしいのだが、当時の私は「インド」という国を、あまり格好良くないと感じていたのではないかと思う。

中学生時代は勉学にあまり関心を示さず、友人と遊ぶことや部活動に熱中していたように思う。三年生にもなると、進路や将来を周りにせっつかれるようになった。バスケットボールが好きだった私は、地域で一番バスケが強い高校を志望校と決め、何度となく生徒指導室に呼ばれては「森の中の木を目指すな、砂漠の中の木になれ」と指導された（怒られた）ものである。

両親のおかげで幼いころから海外のさまざまな人たちと交流を持つことができた私は、進路のことを考えていくにつれ、いつしかヨーロッパに行きたいと思うようになっていた。そんな漠然とした思いを両親に伝えたら「まずは英語を知らねばならん」ということになり、あれよあれよという間にインドの南、タミル・ナードゥ州ニルギリのウーティというところにある「Good Shepherd International School」に行きたいと思うようになった。

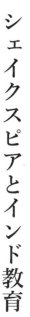

ただ、入学したいと思っても、当時の私の英語力は公立中学レベルである。しかも中の下くらいの成績である。中学側も最初は難色を見せていたが「とりあえず試験を受けてみろ」ということになった。

中学を卒業してすぐにムンバイに旅立ち、そこで約一カ月、毎日英語の勉強をして試験に備えた。しかし、日常的に英語を使っていなかった私が一カ月でペラペラとしゃべれるようになるはずがなく、困惑と諦めのなか、試験を受けにニルギリまで行った。あの暑い日は今でもよく覚えている。

学校に着くと、まず副理事長室に通された。試験を受ける生徒が私のほか数人しかいなかったため、そのままその部屋で試験が行われた。最初の方の質問で「お前はコンピューターができるのか？プログラムは書けるのか？」とあったが、もちろんコンピューターなどほとんど触ったことがない私は「ファミコンならできる」と回答した。

ひと通り試験を受けたが、書いてあることも、何の教科の試験なのかすらもよく分からず、あっという間に終わった。試験の最後に面接があり、副理事長をはじめ校長先生やほかの先生からさまざまな質問を受けた。回答できるものは答えたが、ほとんど適当な返答もできずに終わってしまった。

結果、入学ＯＫであった。日本からの生徒が一人もいないというのが理由だったのかもしれないが。

入学できたのは良かったものの、それから一年が大変だった。しかし、その一年が今の私にとってはかけがえのない一年であった。優しい友たちは、会話も十分にできない私と根気よく向き合ってくれた。厳しい先生たちは、毎日のように放課後、補習をしてくれた。私は会話をしたい一心で、一生懸命に勉強した。勉強をすると勉強の仕方がだんだん分かり、とても楽しかった。

たくさんの先生にお世話になり、今で

も一人一人、個性豊かな先生たちを思い出す。

会計の先生は怒りっぽかった。フランス語の先生は優しかった。コンピューターの先生と経済学の先生は何を言っているのか、いまいち分からなかった。地理学の先生は地理よりインドの不思議な話をたくさんしてくれた。生物学の先生は文章の最後にいつも「and all」と言っていた。そして、英語の先生は怖かった。

英語は二つの授業に分かれており、それぞれ先生が違った。「English Language」と「English Literature」の二つで、国語と文学である。特に文学の先生は厳しく、よくひっぱたかれたものだ。確か名前はサニーさん。インドでは、先生を呼ぶときは男性なら「Sir.」を、女性なら「Miss.」を名前の前につけて呼んでいた。

文学の授業とあって、学ぶのは詩や昔の書物などである。サニーさんはシェイクスピアが好きで、教材として「ロミオとジュリエット」や「ハムレット」などをよく用いた。短い文章の中にたくさんの意味や捉え方があり、一ページを訳すのにA4の紙三枚くらいびっしりと説明文があった。そして、彼はそれを句読点から段落まで全て私たちに暗記させたのである。毎週行われる小テストで暗記したものを書かなくてはならないため、毎晩必死で覚えたものだ。

そして彼はhand writing（手書き文字）には特にうるさかった。文字を美しく書けなければ減点。極めつけはボールペンである。学校では、鉛筆やシャープペンシルといった消しゴムで消せる筆記用具を使うことは許されず、常にボールペンか万年筆を使っていた。彼がいつも怒りをあらわにしたのはボールペンのキャップである。書くときに、ボールペンのキャップをペンの反対側にかぶせることをとても嫌った。

「キャップの重さで字が汚くなる」

キャップを付けているのが見つかると没収され、教室の窓から遥か遠くに投げられてしまうのである。

何度私はペンを無駄にしたことか……。シェイクスピア、特に「ロミオとジュリエット」を見ると、今でも遠くに飛んでいくペンのキャップを思い出す。

Two households, both alike in dignity from ancient grudge break to new mutiny, Where civil blood makes civil hands unclean.

社会的地位の似た二つの家が、古来からの恨みによって争い始め、そこでは市民の血によって市民の手が汚される。

サニーさん、あなたは全身で私たちに英語を教えてくださったのですね。

ラスターカーンを知っていますか？

シャンカール・ノグチ

誰かから教えられたことがある。「インド人に道を聞くときは三人に聞け！」と。現地の人と話をしていると、よく食い違いがあるからだ。私はアドバイス通り、それを実行している。もし、あなたが知らない場所に行くため、一人のインド人に道を尋ねたとしよう。それで目的地にたどり着けたとしたら奇跡と言っていい。リクシャーのドライバーですら、何人かに道を尋ねているのをしばしば目にする。

彼らは「知らない」という言葉を決して口にしない。プライドなのか、役に立ちたいという思いが強すぎるのか、真実かどうかはさておき、何かしらの情報を提供してくれる。人が人を呼び、ああじゃないか、こうじゃないかと、聞いてもいない人までもが口を出してくることもある。

これがインドなのだ。とにかく、インド人に道を聞くときは三人に聞け！　なのである。

ある日、水野と私はラクナウで、うまいマトン料理を食べさせる店はないかと道行く人に尋ねた。

「ラスターカーンって、うまいところがあるよ」

早速行ってみようと目の前にいるリクシャーに目をやると、彼はこちらに気付き、顎を動かして我々を誘う。近づいて尋ねてみた。

「ラスターカーンってレストラン、知ってる？」

「もちろんさ！」

我々は顔を見合わせ、少し不安を感じたが、行き先を彼に託すことに決めた。「旅は道連れ、世は情け」というじゃないか。リクシャーはしばらく快調に走っていたが、なんだか様子がおかしい。

「こっちの道であってるのかい？」

「大丈夫、大丈夫」

彼を信じてみることにした結果、たどり着いたのは、なんと我々が宿泊しているホテルであった。

「おいおい、どうしちゃったのよ、ここ

ホテルじゃないか。ここにラスターカーンはないはずだよ」

「いや、ラスターカーンは、ここだよ」

リクシャーは自信満々。しょうがなく私は、ホテルのフロントで確認してみることにした。ところが、フロントマンの言葉に驚いた。

「下の階にありますよ」

なんと、このホテルにラスターカーンがあったのだ！　まさか朝食を食べたレストランがラスターカーンだったとは。我々は笑い合い、地下に降りた。レストランの扉を見ると、「ミントナワブ」と書いてある。

「あれ？　午後からは店名を変えて、ラスターカーンになるのかな？」

そう呟きながら扉を開け、店内の従業員に尋ねてみた。

「ここは、ラスターカーンですか？」

「いいえ。ラスターカーンなら屋上にございます」

「そうか、屋上にあるなんて知らなかった」

エレベーターが壊れていたため、我々は地下一階から最上階の五階まで夢中で駆け上がった。そして五階でレストランを探してみたが、客室しか見つからない。次に屋上への行き方を探したが、これまたどこにも見当たらなかった。ちょうど従業員が廊下を歩いていたので尋ねてみた。

「屋上にラスターカーンがあると聞いて来たんだけど、どこですか？」

「地下一階だよ」

「は？」

そこで水野が気づいた。

「もしかして『ラスターカーン』って、『レストラン』のことじゃないか？」

「お～、やられた～」

我々は、インドなまりの英語を聞き違えたのだ。「レストラン」と「ラスターカーン」。またしても、インドトリックにかかってしまった。

どっと疲れが出て、ぐったりとフロント前のソファに体を沈める。それでも私は最初の親切なインド人の言葉を信じたかった。なぜなら、彼は目を輝かせて教えてくれたのだ。あの目の輝きは嘘じゃないはずだ。私は別のフロントマンに聞いてみることにした。最初に道を尋ねたリクシャーワーラーから数えたら五人目である。そしてついに真相にたどり着くことができた。

なんと、あったのである。「ラスターカーン」ではなく、「ダスターカーン」という店が。

「タンドーリチキンが食えるよ！」

「マトンも食えるよ！」

焼かれた肉を想像しながら我々は再びリクシャーを拾い、今度は「ダスターカーン」へ向かった。

すると、いくつものタンドーリチキンを吊り下げた店が立ち並ぶストリートに

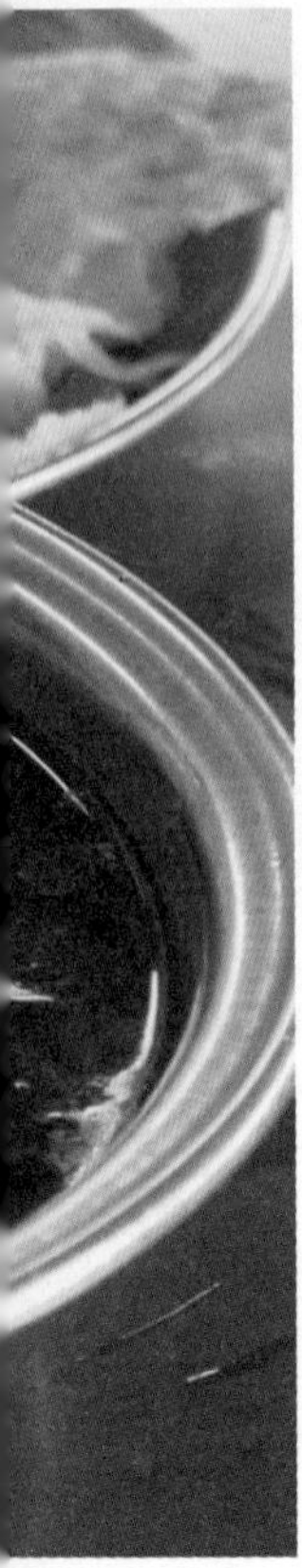

たどり着いた。ダスターカーンは、歩道にまでテーブルと椅子のセットが用意された、露店に屋根がついているような店構えだった。キッチンは立派で、何人も店員がいる繁盛店だった。

我々は速やかに席に座り、メニューを開く。なんと理想的なメニューなことか！　メニューの左ページにチキン、右ページにマトン料理がずらりと連なっているではないか！　注文を済ませ、夢中で食べた。その店が「ムグライダーバー」という名前だということにも気付かずに……。

隣のテーブルから向こう側のテーブルクロスが自分たちのテーブルと色が違うことに疑問を抱いたのは、お腹がいっぱいになった後だった。不思議に思って隣りに座る客に尋ねてみた。

「あのお、ここはダスターカーンだよね？」

「違うよ、こっちからがダスターカーンさ。君たちが座ってるのは別の店だぜ」

またしてもやってしまった。ダスターカーンにたどり着いたものの、我々はダスターカーンの隣の店に入ってしまったのだ。惜しい。すごく惜しいが、しかし、うまいのである。

「さて、帰ろうか。腹もいっぱいだし」

私は満腹の腹をさすりながら、水野にそう言った。

「何言ってんだよ、憧れのダスターカーンはすぐそこだっていうのに」

「腹、パンパンだよ!?」

「さあ、行こう！　ダスターカーンへ」

インドでハシゴは当たり前である。茶色いテーブルの店をゆっくりと見回し、いま一度、店員にダスターカーンであることを確認して席に座った。満腹だというのに、ダスターカーンのマトンローガンジョシュ[*059]には、体がとろけそうになった。そして、やっとたどり着けたうれしさのあまり、涙をこらえてタンドーリチキンを頬張った。こうして探し当てたレストランで食べる料理は格別だ。

たまにはインド人との食い違いもいいものだ。ただ、今回の体験をもとに私は教訓の内容を少しだけ変えたほうがいいと思っている。

インド人に道を聞くときは七人に聞こう！

満腹でも舌がうまいと反応したダスターカーンのマトンローガンジョシュ

右側がダスターカーン、水野が座る左側がムグライダーバー。隣接というより、もはや同空間

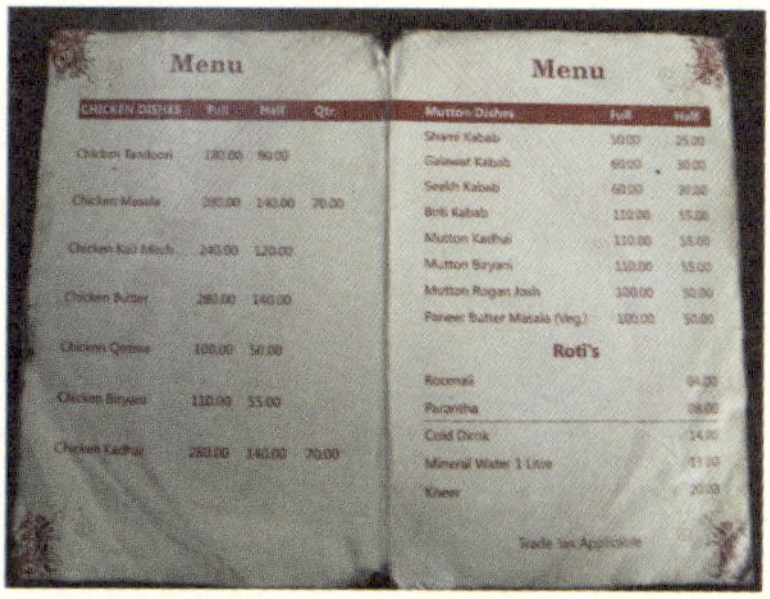

ようやくたどり着いたダスターカーンのメニュー

一日でインドにしてあげますよ

メタ・バラッツ

インドの学校に行くことが決まったとき、日本で通っていた中学校の国語の先生がとても喜んでくれた。「インドは仏教発祥の地だからね」と。

そして、インドの学校に入学したとき、中学校の先生が喜んでくれたように、インドの先生たちも喜んでくれた。「日本はテクノロジーがすごいし、何より勤勉だからね」と。大変なプレッシャーを感じたものである。

世界でも珍しいくらい、インドという国には多種多様の民族や宗教が存在し、言語だけでも何百とあるらしい。「混沌」と書いて「インド」と読むとはよく言ったものである。人口は約一三億人。世界の四人に一人はインド人。何十年かしたら二人に一人はインド人になってしまうのではないかと思うくらいの人口の増え具合である。

どのくらいの頻度で行われているかは分からないが、インドでは「好きな国ランキング」というアンケートが実施されているらしい。そしてなんと、日本はインド人が好きな国ランキング、不動の第一位なんだとか。それもなんと一〇〇年近く前からずーっとである。あまり知られていないかもしれないが、戦後早い段階で日本と国交を結んだのがインド。二〇一二年には、日印国交樹立六〇周年のイベントが日本やインドの各地で行われ、多くの人々がお祝いした。インド人の日本好きの理由は、大抵「勤勉」「テクノロジー」「清潔」といったイメージのようだが、発端はどうやら日露戦争らしい。それから約一〇〇年たった今も、ずっと日本好きなのである、その思いの中には「アジアのリーダー」であってほしいというのが多分に含まれていると思う。仏教から始まり、現在でもインドと日本の関係はとても良いように私は思う。そして、これからももっと良くなってほしいと思っている。

そんな良好な日印関係だが、約七〇年前に、一度あることでもめたらしい。当時、日本はアジアでの領地を拡大していた。それはインド東部、今現在はバングラデシュの地域にも及んだという。その際、インドと日本の間で数多くの話し合いがもたれた。真意のほどは定かではないが、当時日本は仏教の聖地であるブッダガヤ[*060]を日本の領地としたかったらしい。そこで日本が提案した。

「もしブッタガヤを日本にくれたなら、一年で日本のように整備された清潔な場所にしてあげますよ」

それを受けたインドの外交官はこう答えたらしい。

「もし日本をインドにくれたなら、一日でインドにしてあげますよ」

世界各地にインド人が住む場所はあるが、シンガポールのリトルインディアを見る限り、「まんざら冗談でもないのかも」と思わざるを得ない。

もしかしたら何十年後かに「インドになってもいいかな」と思うこともあるかもしれないが、とりあえずは日本は日本らしく、インドはいつまでもインドであってほしいものである。

トイレに居座り続ける謎の老人

ナイル善己

無駄とも思えるサービスがインドには数多く存在する。

たとえば、街の至る所にあるチャイ屋。手作りでいびつな陶器のカップにチャイを入れて提供してくれる。飲み終わったカップは道端にポイッと捨てる。すると、チャイカップは粉々になって道端のゴミくずとなる。街が汚れるのだから、店が回収するか、ゴミ箱に捨てれば良いと思うのだが、インドでそれは通じない。なぜなら、その割れたカップの破片を拾って片づける職業があるからだ。彼らの大事な仕事を奪ってはいけない。捨てる時は周りを確認して、人にぶつけないように捨てよう。

さて、もう一つおもしろいサービスがある。広いインドを移動するには飛行機が便利である。ある日、僕は飛行場でフライトの時間が来るのを静かに待っていた。おとなしくしていても、生理現象はどうしようもない。用を足そうと近くのトイレに向かった。トイレのドアを開けると、痩せこけた老人が一人、華奢なプラスチック製の椅子に座っている。「何だ、このおじさん」。これからパンツを下ろそうというときに背後から視線を感じては、なんともしづらい。そうは言っても出すものを出さなきゃいけないし、男同士、いまさら恥ずかしがることもないと、速やかに用を済ませた。

そして、僕は手を洗おうと、入口の脇にある洗面台に向かった。すると、おじさんが突然立ち上がったのだ。驚く僕をよそに、おじさんはおもむろに洗面台の蛇口をひねってくれた。二つある洗面台を前に、おじさんは「こっちの水が出ている方へおいで」と、目線で僕を誘導している。それに従って、僕はおじさんが用意してくれた洗面台で手を洗った。その間、おじさんはトイレットペーパーをくるくると器用に巻き、洗い終わった僕に、これで手を拭きなさいと差し出してくれた。なんて親切なサービスだろうか。こちらから頼んだわけではないので、もちろん料金はかからない。この行為自体はあくまでも仕事の一つなのだから、チップをあげる必要もない。しかし、たった一分にも満たない短い時間ではあるが、トイレという密室で、僕はおじさんとちょっとだけ距離が縮まったよう気がした。我々は、すでに臭い仲じゃないか。だから、僕はおじさんに「ご苦労様」と心の中で呟きながら感謝を込めてチップをはずんだのだった。

世界で唯一、ヨガの単位が取れる大学

メタ・バラッツ

それはロナウラという場所にある。ムンバイから列車で三、四時間だったような気がする。「カイヴァリヤダーマ」と呼ばれるその施設は、少し標高の高いロナウラの街にあった。アーユルヴェーダの勉強や施術が受けられるその施設には、インド国内をはじめ、さまざまな国から人々がやって来た。

私の祖父と、そこの理事長でもあるスワミ（お坊さんのような人）が知り合いだったらしく、私もこの施設に一〇日間くらい滞在したことがある。とても有意義でリラックスした日々が過ごせたので、ぜひまた行きたいと思っている。

具体的にそこで何を行っているかというと、多くの学生がヨガとアーユルヴェーダの勉強をしている。短くて半年、長くて二〜三年。そして、そこで習得した技術や知識は大学の単位として認められているそうだ。

私はそこに、ほぼ患者のような形でお世話になった。初日に医師との面談があり、日々の生活習慣や現在患っている病気、過去に患ったことがある病気などを質問される。その面談の内容によって、医師が私の一〇日間のスケジュールを組む。食事が制限され、起床・就寝時間が決められるが、どちらかというとゆったり過ごせたように思う。

朝は鼻の掃除から始まり、ヨガを一時間くらいしてから朝食。私の大好きなチャイは飲ませてもらえず、一〇〇％ベジタリアンの食事が用意された。朝食を済ませてからは、あらゆるアーユルヴェーダの施術を受けた。大抵全裸で行われるため、最初は少し恥ずかしかったものだ。

なかでも一番印象に残っているのが「泥パック」。体をよく洗った後、一枚のふんどしが渡された。それを履くと、コンクリート塀で囲まれた天井がない一室に通される。そこには、既にふんどし

姿の男たちが何人かいて、順番を待っている様子だった。順番がくると、大量の泥を体中に塗り付けられた。泥でベトベトになった体で先ほどのコンクリート塀の中に戻り、そこで何十分か立っているのである。天井がないため太陽がそのまま降り注ぎ、体に塗られた泥は徐々に乾き始める。顔も体も泥だらけな男が数人、ニコニコと互いを見ながら天日干しにされている姿はなんと滑稽なことか。

　だんだん乾くにつれて水分がなくなっていく泥は、容赦なく皮膚を引っ張った。最初、心地良い痛みだったのが、時間の経過と共にひどい痛みに変わってくる。日差しが強ければ強いほど皮膚がどんどん引っ張られ、ニコニコしていた男たちの顔も引きつっていく。何より大変だったのが、その泥を洗い落とすことだった。痛いうえに落ちないのだ。落ちない泥を必死に落としながら、アーユルヴェーダの奥深さを噛みしめた貴重な体験であった。そしてその後も、あらゆる施術が行われた……。

　夕方になるともう一度ヨガをやり、夕食後に施設の人の話を聞く会がしばしば設けられた。施術、ヨガ、食事、鼻の掃除以外は時間に余裕があるので近所を散歩したり昼寝をしたり、ゆっくり過ごしたのを覚えている。そしてやはりチャイが大好きな私は、しばしば街に繰り出しては街角のチャイ屋で一杯引っ掛けたものだ。

　もし、私がその施設の生徒だったとしたら、なかなか単位はもらえなかったであろう。

危険地帯で美味との遭遇

水野仁輔

必要以上にリムの広いオーバルの器はアルミ製で、安っぽい銀色が陽の光に照らされ、白く光っている。昔懐かしい給食の食器を見ているようだ。カレーソースには美しいオレンジ色の油が浮かんでいる。キラキラと輝いている様は、この器にはずいぶん不釣り合いである。鶏も肉の塊のようなごっつい形をした具は魚で、無人島のごとくソースから顔をのぞかせている。盛り付けたときにたまたま魚の上に乗っかったカレーリーフとマスタードシード[*061]が、波に誘われて陸に取り残された貝殻のように仲良く並んでいる。

僕はもっと香りを嗅ごうと鼻を近付けた。おいしそうな料理に出合ったときにどうしても出てしまうクセだ。みっともないからやめなきゃいけないと、時々思う。ココナッツオイル[*062]の心地良い香りの向こうに、初めて体験する香りがそっと漂っている。ソースをスプーンですくい、慎重に口に運んだ。口の中にスパイシーな刺激と魚の風味が染み渡る。喉元を通り過ぎていく前に、僕は目を見開いた。うまい！ しばらく声が出なかった。言葉にならないという表現があるけれど、本当においしいと思ったときには黙り込んでしまうものだ。

ケーララ州コチにあるグランドホテルは、僕が前から気に入っているレストランで、この地を訪れるたびに何度も足を運んでいる。東京スパイス番長のメンバー四人でここを訪れたとき、僕たちは、ノリに任せて気になるフィッシュカレーを次々と注文した。テーブルの上にひしめき合うように並べられた器の中に、衝撃のひと皿があったのだった。

ナイルが諦めたように漏らした。

「なんなんだろう。こういうの、俺、どうして自分で作れないんだろう……」

同感だった。なめるように何度もカレーソースを口に運び、味の秘密を探ろうとする。ココナッツオイル、カレーリーフ、ホールレッドチリ[*063]、コッカム、そして、魚自体の持つ風味。これらが超絶

絶品だったフィッシュカレー。今でも味を思い出す

テクニックによって、絶品絶句のフィッシュカレーに仕上げられたのだろう。

美味との遭遇はインド旅の醍醐味だが、たまにでいい。頻繁にあったら、僕はグッタリしてしまう。グランドホテルというレストランは危険地帯である。

手前にあるのが南インド料理でよく使われるカレーリーフ

K.R.S.
1.2.2014

お前にあれができるか？

メタ・バラッツ

大都会ムンバイ。

日々、たくさんの、それは本当にたくさんの人々がムンバイにやって来る。初めて来る人、毎日の仕事で来る人、映画を観に来る人……。それぞれが、さまざまな思いを持ってやって来る。

そして、人々の「足」になっているのが、インディアン・レイルウェイ。インドの鉄道だ。その多くがイギリスの植民地時代に造られたといわれている鉄道は、世界一の長さを誇り、列車内で日々起きる事件もおそらく世界一ではないかと思う。

インドの人たちが日本に来て驚くことの一つに日本の列車がある。彼らいわく、「Pen drop silence」

要は、「ペンが落ちたとしても気付くような静けさ」ということらしい。それにくらべ、インドの列車はにぎやかなのだ。列車によっては窓やドアが開けっ放しのため、その騒音はなかなかのもの。そして何より絶え間なく聞こえるのが、乗客の話声や、車内を行き来するもの売りたちの声。ゆっくり景色を眺めてのんびりしている暇さえないほど、いろんな人たちが声を掛けてくる。まあ、それはそれで楽しいものだし、そういうものだと思えば会話も弾み、新たな知識が身に付くこともあったりする。

もの売りたちのバリエーションは、見ているだけで楽しい。ピーナツを売る人、チャイを売る人、おもちゃ、水、筆記用具などなど、列車内はまるでデパートのよう。長距離列車や寝台列車で彼らが乗ってくることはそれほどないが、通勤列車や各駅停車の列車では、商売をしようとする人たちでごった返す。各駅で、もの売りたちが窓やドアから飛び乗ってくるため、まるで座りながらウインドーショッピング、はたまた通信販売の番組を見ているようだ。

ある晴れた日。小さいころからお世話になっている、父の同級生のムンバイに住むおじさんが、私をある工場に連れて行ってくれることになった。おじさんと私は列車に乗った。工場のある街まで、距離でいうと一五～二〇キロほど。列車だと三〇分くらいかかる。

　その日もやはり、駅に停まるたびに小さな商店たちが乗ってきては商売を始めた。おじさんは、代々続く衣料品メーカーの経営者。そのとき私は確か、一六、七歳。長期休みには日本で父の仕事をたまに手伝い、少しばかり経営というものに興味を持ち始めたころだった。そんな私におじさんは、インドでの仕事のやり方、インドでの物流、インドにはどんなビジネスマンがいるかなど、多くのことを教えてくれた。そして私は、インドにはさまざまなビジネスの形があることを知った。

　インド、特にムンバイは人であふれているため、声を大にして主張しないと商売が成り立たないという。そこでおじさんが例にとったのが、列車に乗ってくる小さな商店たち。彼らのほとんどが、街にある店や問屋から商品を預かって販売しているそうだ。売れた分だけ彼らの実入りになるが、逆に売れなかったら一銭も入らないという厳しい商売だという。

　まず、彼らは列車に乗ってくると、大抵、車両の先頭に行ってプレゼンを始める。自分が扱っている商品がいかに素晴らしいかをとうとうと話し、その後、乗客一人一人に詰め寄ってはバーゲンを展開するのだ。扱っている商品は、ほとんどが五ルピーから高くても七〇ルピーくらい。日本円に換算すると、一〇～一三〇円といったところ。まずはプレゼンし、その後、営業をしてそして販売。料金の回収も一駅の区間でしなくてはならないため必死だ。五分、長くて一〇分もないわずかな時間内に。

　そんな話を私にしてくれたあと、おじさんは最後に言った。

「お前にあれができるか？」

　学校では教えてくれない貴重な勉強を、私はインドの列車の中で教えてもらった。

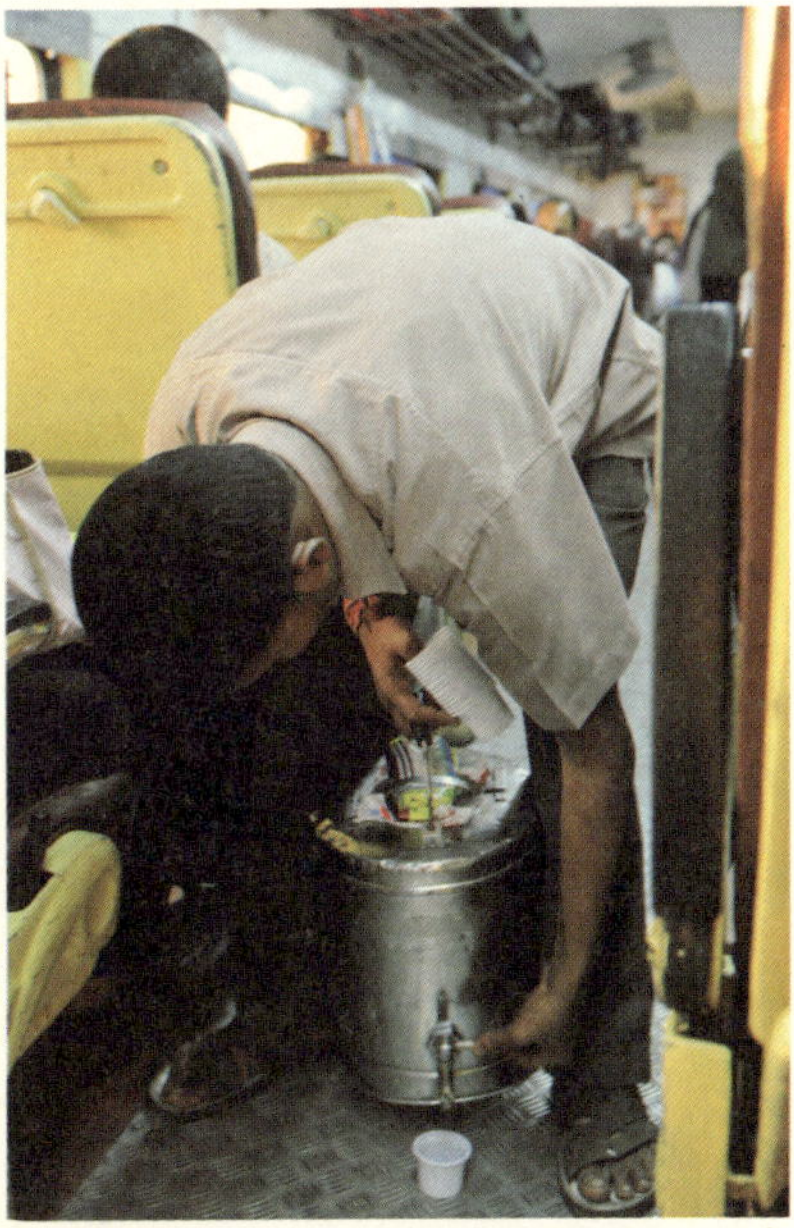

列車の中のチャイ売り。熱いので気を付けて

二種類のインド人

水野仁輔

夕暮れどき、海岸沿いの砂浜に若い男女が肩を寄せ合って沖を眺めている。これが湘南の海なら何の不思議もない光景だが、インドだから戸惑った。タミル・ナードゥ州の首都チェンナイにあるマリーナビーチに行ったときのことだ。

世界で二番目に長いと言われるこのビーチには、大勢のインド人が訪れ、海を眺め、たそがれる。獲れたての魚を料理してくれる屋台が砂浜に立ち並び、スナックを売り歩く人もいる。しつこく売りに来る人は一人もいない。ふとしたときに近くにある魚料理屋台の男と目が合った。彼は何尾かの魚を手に持って近づいてくる。熱心に魚や料理の説明をしてくれるから、思わず聞き入ってしまった。そういえば、少しお腹もすいてきた。どうしようかと悩んでいると、突然、耳元で「プア〜ッ!」という音がした。その音の大きさにビックリして背後に目をやると、大きなほら貝のようなものを持った別の男がニヤリ。僕もニヤリとやり返すと彼は得意げにその貝を口に持っていき、「プア〜、ピャ〜」と今度は別の音を出して見せた。

「どうだ? 買わないか?」

「いや、いらないよ」

小さく首をふると、今度は小さな貝を手にとって見せてくれた。

「買わなくてもいいからね」

タミル語だから本当にそう言ったかどうかは分からないが、そんな雰囲気を出しながら、「これを耳に当ててみてくれ」というジェスチャーをした。言われるがまま自分の耳を彼の手の中にある貝に近づけた。シャシャシャシャー、ザザザ、サワーサワー。たとえようのない不思議な音が連続して響いてきた。僕は再び驚いた。貝の中が何か共鳴するような仕組みになっているのだろうか。こもっているのに透明感のある優しい音だった。

「いい音だろう?」

男はほほ笑んで、約束通り、「買わないか?」とは言わず静かに去って行った。さっきの魚屋台の男がフィッシュフライ

を持って来てくれた。それをかじりながら、また僕は海に目をやる。若い男女は彫像なのかと思うほど姿勢を崩さず寄り添ったままじっとしている。カップルだけではない。ファミリーもいるし、一人で来ている男性や女性もいる。当たり前だけど、みんなインド人である。みんながみんなこうしてずっと長い間、飽きもせず海を眺めている光景は、やはり湘南の海とは全く趣が違う。眠くなるほど穏やかなひとときだ。

そうか。海を眺める人々を眺めながら、僕は一つのことに気が付いた。南インドの人が穏やかで優しいのは、海があるからではないだろうか。この心地良い空間や時間を北インドの都会人が共有できていたら、きっとギスギスしたあの感じは和らぐに違いない。

インドは二種類の民族で構成されている。北インドは狩猟民族のアーリア系、南インドは農耕民族のドラヴィダ系だ。南の人が穏やかなのは、この民族的な気質の違いからくるものだと言われているが、僕は思う。インドには、これとは別に二種類の人間がいる。海を知ってるインド人と、海を知らないインド人である。

ようこそ、ヒルサイド乗馬クラブへ

メタ・バラッツ

移動手段は馬なのである。

もし、ムンバイを訪れることがあったら、ぜひ少し足を伸ばして訪れてほしい場所がある。澄んだ空気、豊かな自然、おいしいご飯。行かない理由が一つも見当たらない。

そこは、「マテラン」である。ムンバイから列車で数時間。その後、登山列車に乗り換える。崖ぎりぎりの急斜面の線路をゆっくりと列車が進む。壮大な風景と、眼下を見下ろす恐怖を同時に楽しむことができる。

マテランは、ムンバイにおいて有名な避暑地である。山の上にはいくつもコテージや民宿があり、三月も半ばを過ぎ、インドが夏を迎える五月ごろにはたくさんの人々がマテランを訪れる。私が訪れたのは確か年末か年始だった。そのため、朝夕は少し肌寒く、セーターやジャケットが必要だった。

最近のインドの避暑地では、ごみの削減や環境への配慮が随所に見られる。マテランも例外ではなく、買い物をしてもプラスチック袋はもらえず、そのまま商品を渡される。お金を払えば解決するわけではなく、プラスチック袋を使用すること自体が罰金に値するのだ。

そんなマテランには、車が立ち入ることができない。マテランへ行く山の中腹に大きな駐車場が用意されていて、車で来た人はそこに駐車し、バスまたは登山列車でマテランへ向かうのである。それゆえ道は歩きやすく、街はのんびりとし、空気が美しい。その様子はどことなく、スイスのツェルマット[*064]に似ている。

インドでは、道を悠然と牛が歩く姿をよく見掛ける。インド観光の目玉の一つとして取り上げられることも多いが、ここインドのツェルマット……マテランは、牛も歩いているが、馬を目にすることも多い。

イギリス統治下時代のインドでイギリス人が開発したこの土地は、街の真ん中に競馬場があり、それを囲むように今でもコロニアルな建物が数多く残っている。

マテランへ向かう登山列車からの景色。絶壁である

大自然と優雅な建物が織りなす街を、たくさんの馬が歩いているのである。もちろん、各馬には飼い主がいて、彼らが馬の世話を日々している。

交通手段がほとんどないマテランでは、馬が重要な移動手段になる。レンタカーさながら、馬を借りることもできる。ここはインドなので、値段交渉が必要なことをお忘れなく。乗馬未経験者であっても、多少費用はかかるが、馬主が付き添って乗り方を教えてくれるので安心だ。

馬をレンタルした場合はこんな具合だ。一日のはじめ、約束した時間に馬が宿の入り口までやってくる。そのあとは、約束の時間まで自由に馬に乗ることができる。車では通れない道や場所をさっそうと馬で走るのは、何とも爽快で心地良い。

あの日、私は朝四時に馬を借り、山道を通って朝日を見に行った。それは、本当に美しかった。

そして、日が暮れる前には馬を持ち主

に返さなくてはならない。一日ともに過ごした馬の体をいたわり「また明日もよろしく」と見送る。そのあとは、マテランの料理を堪能しよう。道端で売っているトウモロコシにチャートマサラ*065を多めにかけてもらって食べるのもなかなかである。避暑地とはいえ、田舎だから食費は安く、宿も選べば安くすむ。空気がきれいなせいなのか、土地柄なのかは分からないが、七~八割のレストランはベジタリアンの店であった。山の気候とあって、日が沈むとぐっと気温が下がるため暖かいダール（ひき割り豆）のスープが身に染みる。

できるならば、ゆっくりとマテランで過ごすひとときを楽しんでほしい。馬との呼吸が日一日と通じてくるのが分かるだろう。

インドもいろいろである。

チャイを飲みながら朝日を待つ

デモとガイドと魚釣り

シャンカール・ノグチ

哀しいことに、インドは周辺国との争いが絶えない。もし、インドから隣接国へ足を伸ばそうと考えるのであれば、用心が必要なときもある。私はインド国内でも、戦域近くに行く用事はなるべく避けたり、どうしても行かなければならないときは、現地のインド人に主要都市まで迎えに来てもらったりしている。その間、欠かさずチェックするのは新聞やテレビ、インターネットからの情報だ。

二〇一三年、東京スパイス番長のメンバーと行ったベンガル地方[*066]のバングラデシュでは、右翼政治家の重要人物一〇人の殺戮があり、国中でデモが起こった。よりによって我々がインドとの国境を超えた日に。車や建物の破壊、放火が行われていたのである。

思えばバングラデシュへ向かう前、コルカタ最後の夜から先行きを案ずるようなことが起きていた。宿泊していたコルカタのホテルからバングラデシュとの国境まで、我々はバスで行く予定だった。しかし、そのバスでは目的地にたどり着くために乗るフェリーに間に合わないというメールに深夜気付いたのだ。メールの送り主は、バングラデシュでの案内役を頼んでいたアニスルさん[*067]。その後、私は必死で鉄道や飛行機を調べてみたが全て難しく、なんとか一台の車をチャーターできたのは、当日の朝だった。

デモがいつテロに変わるか分からない状況下、活躍してくれたのは、我らがアニスルさん。我々の目的は、ボッタ川[*068]でイリッシュ[*069]という魚を釣ること。アニスルさんは目的地にいる人物と電話で連絡をとりながら、比較的安全な道を探して車を進めてくれた。もちろん、危険であれば引き返すという苦渋の選択もあった。アニスルさんからは一度諦めてはどうかと提案されたが、夜通し車を走らせ目的地近くまで来ていること、電車に乗り換える手段があることを理由に先を促した。そのときすでに夜が明け、コルカタを出発して一日がたとうとしていた。

デモ隊を避け、朝もやのなか到着した片田舎の駅

駅のホームでお互いもの珍しく、ただただ見つめ合った

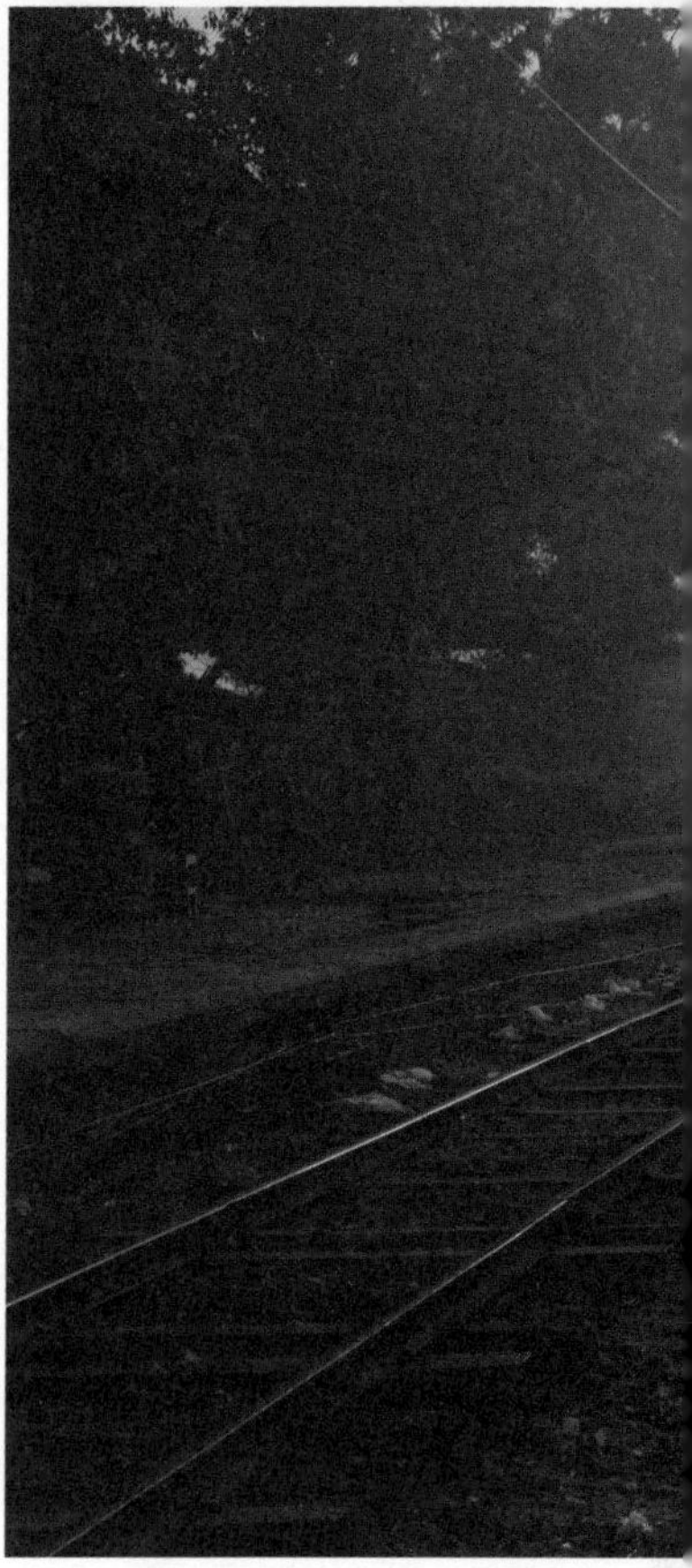

早朝、メンバーは釣り竿を肩に、数キロほど歩いて駅へ向かった。道には放火の残骸があった。それが理由で我々の車は立ち往生を余儀なくされたのだ。デモ隊が通過するのを車で待機しているときに聞こえた群衆の声は、確かにただならぬものだった。

駅のホームに着くと、海外からの珍客とあって、そこで暮らす穏やかな住民にあっという間にぐるりと囲まれた。緊迫した空気から解き放たれ、そこには田舎の温かな心地良さがあった。

ようやく電車に乗り込み、一日釣りざんまいした我々はその夜、街のお偉いさんの家へ歓迎の食事に招かれた。だが、大変失礼ながら、私はうつらうつらしてしまった。夜通しの移動で、コルカタから目的地まで三〇時間ろくに眠っていないのだ。いや違う、さらにさかのぼると、車のチャーターをするために夜通しインターネットで調べていたので、五四時間起きていたことになる。アニスルさんはそんな苦労を分かってくれ、優しいまなざしで見守ってくれていただろう。

コルカタからバングラデシュへの、スリリングかつエキサイティングな旅は、忘れられそうにない。

スプライトの謎

メタ・バラッツ

インドでは、想像を絶することがよく起こる。

インドが好きな人は、日常では起こりえないその摩訶不思議な現象に刺激され、魅了されるのかもしれない。それはインド人にとっても同じである。どうしてこうなるのか、どうしてこうなったのかは、考えれば考えるほど分からなくなる。

常日頃から不思議な現象に対面しているインド人はゼロを生み出し、インドをIT大国にし、類を見ない経済成長を遂げた。

いつからか、私は理解しがたい状況に直面すると、「ああ、そういうものなのだ」と思うようになった。一つ一つに目くじらを立て、怒ったり困惑していたら疲れてしまうし、何より時間の無駄である。何せ解決しないのだから。

インドに行くとよく起こる不思議な現象。毎回体験するが、印象に残っているのがスプライトである。

あれは学生時代。夏休みを迎え、一カ月間、日本に帰る時のこと。

暑い所では、摂氏四〇度を超えるインド。五月に暑さのピークを迎えるため、その頃から休みに入り、私の学校は七月中旬から新学期がスタートした。一般的には九月スタートが普通だが、勉学に厳しい学校だったせいか、標高の高い所に学校があったせいか、氷が降るせいか、夏休みは短かった。

日本までは、学校を出発してゆうに四八時間はかかる。コインバトール[*070]で国内線に乗り、チェンナイへ。チェンナイからシンガポールへ向かい、シンガポールで乗り継いで成田に到着するわけである。平均気温が三五度を超える旅路とあって、喉はカラカラだ。私と一緒にチェンナイに向かった二人の友人は、常に冷たくてシュワッとしたものを欲していた。リムカ[*071]にはじまりサムズ・アップ[*072]、コカ・コーラにペプシ。休憩すれば何かしらの炭酸飲料を飲み、喉を潤していた。

あれはチェンナイだったか、コインバトールだったかは忘れたが、たぶん一泊三〇〇ルピーもしないホテルの冷房がギンギンに効いた喫茶店で、スプライトをみんなで頼んだ。間もなくして、栓をしたままのスプライトが三つ運ばれてきた。インドでは、必ず栓を閉じたまま客席ま

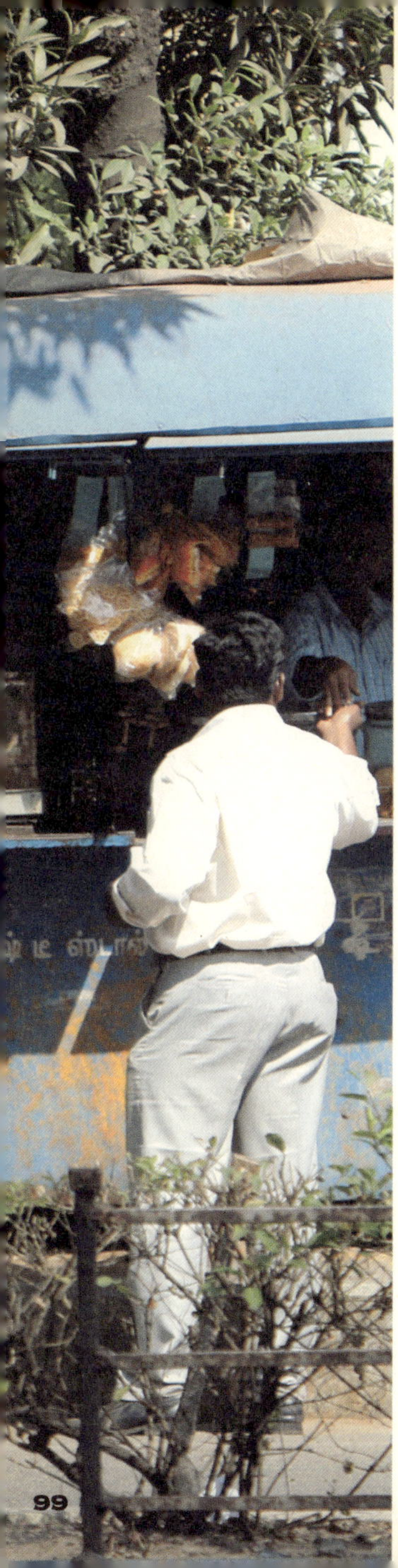

で飲み物を持ってきて、客の目の前で栓を抜く。もし、栓が抜かれて出てきたら変えてもらった方が良い。何が入っているか分からない。

待ちに待ったスプライト。キンキンに冷えたスプライトを飲む。炭酸が喉に心地良い刺激を与え、今までの暑さがうそのように消えていった……。一口、そして二口、私は思わず周りを見渡してしまった。何度飲んでもスプライトの味がしないのである。もしかしたら暑さのせいで味覚が変になったのか……。友人たちの顔を見ると、幸せそうな顔でスプライトを飲んでいる。何度飲んでもスプライトの味がしないため、私は友人に恥を忍んで聞いてみた。

「これは本当にスプライトか」

当然のごとく、「何を言っているんだ」といった顔で見られた。納得がいかない私は、無理やり友人たちに私の飲んでいたスプライトを飲ませた。嫌々ながらスプライトの縁から口を三~五センチ離し（インドでは他人と飲み物を共有する場合、大抵、飲み口に口が触れないようこうする）、口へと流し込んだ。スプライトなるものが喉を通った瞬間、彼らの表情が変わった。

「これは水だろう」

「スプライトではない」

ウェイターを呼び、グラスにスプライトなるものを注ぎ、飲ませた。当然ウェイターも我々と同じような顔をしたわけである。

しっかりと栓がしてあるスプライトに水。

不思議なことがよく起こるものだ。

混ぜるな、危険。ミールスショック！

水野仁輔

「ミールス・レディ（Meals Ready）」とかれた看板は、街の至るところにあった。至るところというのは、決して大げさではない。街中の路地という路地、曲がり角を曲がるたびにその看板に出くわしたのである。南インドのチェンナイ[*073]を初めて訪れたときのことだ。

ミールスという料理は、南インドを代表する定食である。日本で言えば、幕の内弁当のようなものだろうか。青々としたバナナの葉の上にさまざまなスパイス料理が並び、主食であるライスと共に食べる。右手の指先を使って混ぜ混ぜしながら口に運ぶのである。「ミールス・レディ」というのは、町場の食堂やレストランが「ミールスの準備ができましたよ」という案内として掲げる言葉である。言い換えれば、「本日開店」というようなもの。

生まれて初めてミールスを食べたときは大いにうろたえた。何をどうしていいのか分からない。日本では食べ物を混ぜるなんてことは許されない。「ぐちゃぐちゃ混ぜるなんてよしなさい！　行儀が悪い！」。幼いころからそう教えられてきているのだから。混ぜても怒られないのは卵かけご飯くらいだろうか……。ところが、ミールスは、混ぜないといけない料理なのである。

恐る恐るサンバル[*074]のかかったライスに手を伸ばす。指先に生暖かいものを感じながら混ぜ、食べた。その後、ラッサム[*075]、ポリヤル[*076]、カレーなどなどを自由に混ぜていく。さまざまな味が混ざり合う。甘くて、辛くて、苦くて、酸っぱい。コクがあったり、ぼんやりしていたり、塩けが強かったり……、とにかく忙しない。

味だけでなく、食感もバラエティ豊かだ。ムニュムニュ、パラパラ、シャキシャキ、ドロリ。パパド[*077]を右手でパシャリと割って口に放り込めば、今度はサックサク。僕は混乱した。まるで口の中に竜巻が起こったようで、体験したことのない感覚をどう受け止めていいのか分か

南インドの典型的なミールス。色鮮やかでバラエティ豊か

らなかった。極めつけは、ダヒ[*078]だった。なんと、ヨーグルトをご飯にかけて混ぜ混ぜするのである。おぇぇ、まずそう。インド人とはなんと野蛮な人種なのだろうか……。ええい、郷に入れば郷に従えだ。あれ？　悪くないぞ。意外にも口の中がスッキリして、またさっきのラッサムを飲みたくなった。

複数の料理を混ぜて食べるというスタイルは、アジア諸国では一般的だ。韓国のビビンバなどは典型的な例だろう。あれを箸で一品ずつつまんで食べる人はいない。スプーンを使ってざっくり混ぜ合わせ、口に運ぶ。複数の味わいや食感が混ざることで計り知れないおいしさに出合えるのだ。インドはミールスに限らず、混ぜて食べるのが前提の食文化。日本人には新鮮な体験となる。

ミールスを食べていて感じたあの不思議な感覚は、いったい何だったんだろう？　混ぜるたびに目の前の料理は姿を変え、口に運ぶたびに新しい味わいを届けてくれた。混ぜるな、危険。まるで食べている僕自身が料理人のように、味をクリエイトしている感覚になる。そうか、食べ手が料理を完成させるのがミールスなのか。料理は普通、作り手が作り、食べ手が食べる。ところが、この食べ物は、作り手が作ったものを食べ手がさらに作ってから食べるのだ。すなわち同じ食堂で同じミールスを注文しても、食べる人によって違う味わいを楽しんでいることになる。「さじ加減」という言葉があるけれど、ミールスは、さじ加減ならぬ「手加減」によって目まぐるしくその魅力を変化させるのだ。

もし、世界的に有名なグルメ本・ミシュランガイドの調査員がインドを訪れ、いくつかの食堂でミールスを食べたとしよう。たとえば彼は、Aの店には五〇点、Bの店には八〇点を付けるだろう。Aの店のシェフは、こう言うに違いない。

「何？　うちのミールスが五〇点だって？　いったいどうやって食べたんだ？　そいつの食べ方が下手くそだったんじゃないのかい？」

インドでグルメ批評は通用しない。作り手と食べ手はフェアな関係で共創しているのである。

ミールスは右手で混ぜて食べる

インド語しゃべれますか？

メタ・バラッツ

インドはたくさんの民族や宗教、言語が入り混じって国を形成している。感覚としては、違う州や地域に行けばそこはもう外国。言葉も伝わらなければ、民族も違うのだから。一つの国にいながら海外旅行気分を味わえてしまう。北と南、東と西では、言語はもちろん、人々の顔立ちも気質も違う。アンダマン諸島[*079]やゴアといった素晴らしい海やリゾート、ヒマラヤやラジャスターンの砂漠、緑あふれる山々に、交通渋滞がひどい大都会。私が三カ月インドをうろうろしただけでも新しい発見がたくさんあったので、皆さんもぜひ何度も訪れて、いろんな顔を持つインドを楽しんでいただきたい。

「インド語しゃべれますか？」

よく聞かれる質問である。

インドのお札を見たことがあるだろうか。全てのお札に「インドの父」マハトマ・ガンジーの肖像画が描かれている。そして、お札の一つ一つにそれが何ルピーであるかを表す数字と共に、さまざまな言語でいくらなのかが書かれている。その言語の数、なんと一七種類。これらを並べてみよう。

1…ヒンディー語
2…英語
3…アッサム語
4…ベンガル語
5…グジャラート語
6…カンナダ語
7…カシミール語
8…コンカニ語
9…ネパール語
10…マラヤラム語
11…マラーティー語
12…オリヤー語
13…パンジャーブ語
14…サンスクリット語
15…タミル語
16…テルグ語
17…ウルドゥー語

これら全てが公用語である。訛りではなく、全て文字が違う言語なのである。インドには八〇〇近くもの言語があり、そのうちこの一七言語が公用語とされ、国会でも使われているのだ。

インド人の頭の上

水野仁輔

インド人の頭の上はいったいどうなってるんだろう？

気になるのは、〝頭の中〟ではなく〝頭の上〟である。彼ら彼女らの頭の上にはどんなものでも乗っけることができるからだ。市場に行けば肉や魚を詰め込んだカゴやタライを乗っけるし、空き地では洗濯物をどっさりと乗っけている。高速道路沿いのダバでは、工事現場に使うレンガを頭に乗っけ、田舎を歩けば井戸水を入れたツボを頭に乗っけている。きっとインド人の頭の上は、「イナバの物置」よろしく、百人乗っても大丈夫なくらい頑丈にできているのだろう。

バッファローの乳搾りをするために、グジャラートの牧場を訪ねたことがある。まだ薄暗い朝もやの中、荒々しいバッファローの足の下にしゃがみ込み、乳を搾った経験は何にも代えがたいものとなったが、そのときに印象に残ったのは、牛やバッファローの糞を大きなタライに入れて頭の上に乗せ、せっせと運ぶ女性たちの姿だった。インドで牛糞は重要な燃料となる。乾燥させて火をつけ、料理を作ったりする。大事な糞を頭に乗せて運ぶ姿は強烈な印象を残してくれた。重たいものを頭に乗せるあの芸当は、よほどのバランス感覚がなければ成せないものである。歩き始めてしまえばヨロヨロすることはないのだろうけれど、頭に乗せて立ち上がるときが大変そう。あのときの真剣なまなざしは、なかなか普段のおおらかなインド人には見られないものである。しかも注意して見てみれば、幼い子供でも物を運ぶのに頭を使っている姿を見かける。

インド最南端のコヴァラムビーチの宿にアシュタンガヨガの先生を呼んでレッスンしてもらったことがある。頭を使って倒立をする先生を見て僕は思った。おいおい、あのインド人は、ついに頭の上に地球を乗っけたよ！　ヨガの盛んな国だから、頭の上に物を乗っけるくらいはお手の物だ。

インドにおいて「頭を使え」は、二つの意味を持っている。ゼロの概念を発見し、ＩＴで世界中を席巻するインド人の頭の賢さはすでに有名だが、インドに行ったらインド人の頭の上にも注目してもらいたい。

グジャラートの牧場で牛や水牛の糞を運ぶ女性

高速道路沿いの工事現場でレンガを運ぶ女性

Sir,I can make 90% discount!!

メタ・バラッツ

インドの大都会ではよくある話。道端で何かを買おうというとき、だいたい法外な値段を吹っかけてくる。ジュースを買おうとしたら一〇〇ルピー、サンダルを買おうものなら五〇〇ルピー。なかには定価の一〇倍近い値段を言ってくる店もある。そんな常識はずれな値段を言われたら、旅の思い出としてその店員にお付き合いするのも楽しいかもしれない。ただ、それは買おうとしている商品があなたにとってそんなに必要ではなく、気持ちと時間に余裕があるときにした方が無難である。

まずは少しほほ笑みを浮かべてみて相手の反応を見る。多分、彼もほほ笑み返してくるだろう。そして自分が想定している値段の半額を伝えてみる。もちろん彼はそれを断るが、最初に彼が提示した値段と、こちらが提案した値段の半分のところでどうかと交渉してくるはずだ。もちろん、それでも法外であることに変わりはないから断ろう。そしてさらに提案してみる。その半額の値段を。たまにこれで「ＯＫ」と言われることもあるが、大抵は首を横に振り、「もう話にならないよ」という顔をしてくる。そのときはこちらも首を横に振り、ほほ笑みを持ってその場を立ち去るのである。

その店を後にして三、四歩進んだとき、きっと声を掛けてくるはずだ。

「Wait I can make more discount !」

そしてだいたいが、定価に近い値段を提示してくる。そうしたらもうこっちの勝ちである。ほしかったものを手にしよう。これでお互いハッピー。しかも楽しい旅の思い出話ができた。

交渉で大切なのは、立ち去ることである。そこで呼び止められたら交渉は成功したようなもの。あとは楽しむことである。決してバカにしたりケンカしたりしないこと。あくまで時間と気持ちの余裕をもって買い物を楽しもう。

問答無用、感じるままに

シャンカール・ノグチ

世界遺産のアジャンター石窟群とエローラ石窟群に行ってみた。ムンバイの東に位置し、両石窟群の間は一〇〇キロほど離れている。

ワーグラー渓谷の断崖に刻まれた三〇の仏教石窟寺院からなるアジャンター石窟群は、仏教史を伝える貴重な遺跡だ。そこには、紀元前二世紀から六世紀に描かれた壁画や彫刻が残されている。悟りを開く前のブッダ（ゴータマ・シッダールタ）から、悟りを開いてからのブッダまで。第一窟から三〇窟まで一室ずつ分かれており、太陽の光しか頼れる明かりがない時代、僧侶たちはそこで修行していたのである。

部屋によって、ブッダが座禅を組んだときの手のポーズが違ったのが印象的だった。たとえば、「Teach」と呼ばれるポーズでは、両手ともに親指と人差し指の先を付け、さらにその輪をくっつけている。左手の指先の上に右手の人差し指の先が乗り、右手の親指が左手の輪を下で支える。そしてそれを胸の前に持ってくる。……皆さん、できましたか？言葉で説明するとややこしいが、これが「Teach」のポーズなのだ。

また、何世紀もかけてそれぞれの部屋が造られたため、その時代ごとの違いを見るのもおもしろい。アジャンター石窟群は、法隆寺金堂[*080]にある勢至菩薩像[*081]に影響を与えたとも言われている。この壁画はすでに焼損しているため、インドでその源流に出合えるのは感慨深い。また、見どころといわれる蓮華手菩薩の美しい保存状態にも感動させられた。

シッダールタからブッダとなり、初めて悟りを開いたというサールナート[*082]にあるダメーク・ストゥーパ[*083]へは、アジャンター石窟群を見てから訪ねてみよう。今の日本に根付いた仏教は、この場所からどのように変化を遂げたのか、根源を見て学ぶことができるはずだ。

そして、インドの神々（の石像）に囲まれるのが、エローラ石窟群だ。ヒンズー教[*084]、仏教、ジャイナ教と分かれている

エローラの中でハイライトとなるのが、8 世紀に造られたヒンズー教石窟群、第 16 窟のカイラーサナータ寺院

これがアジャンターで見た「Teach」のポーズ

〔右〕エローラ、第16窟。シヴァの婚礼の彫刻 〔左〕第32窟。「インドラ・サバー（インドラ神の集合場所）」と呼ばれるジャイナ教石窟郡で一番の見どころ

ものの、五世紀から一〇世紀に造られた各宗教の石窟寺院が一つの場所に集合している。そのインドの寛容性に驚いた。

私はジャイナ教の人々と商売をすることがあるため、少しでも彼らの信仰の歴史を知っておきたいと思い、ここに足を運んでみた。そこには、一糸まとわぬ姿で直立した像が点在していた。無所有の思想を持つジャイナ教は、禁欲の象徴ともいえる。ほかにも、全ての生きものを傷つけない（アヒンサー＝不殺生）といったいくつかの心得があり、堂々とした姿の像は、そうした正義にあふれていた。

彼らは動物の肉を口にしない。土中の虫などを殺生してしまう恐れがあるため、地中の野菜も食べない。だから一緒に食事をするときは、必ず完全なベジタリアン料理を食べる。「ローマにありてはローマ人の如く」である。そのときばかりは彼らの習慣に従ってみると、普段の食生活より体が軽くなり、お通じが良くなるのである。

旅先で不慣れなことに触れてみると、何年後かに必ず見えてくるものがある。すぐに感じて納得するなんて難しいだろう。だが、常に感じていたい私は旅に出たくなるのだ。問答無用、感じるままに。

アジャンター石窟群の中から外を見ると、働く人の姿が見えた

To The Republic!

メタ・バラッツ

八月一五日。皆さんは、この日付で何を思い起こすだろうか。多くの人は「終戦記念日」を思い浮かべるだろう。八月一五日は、多くの国でいろんな意味を持つ日のようだ。インドの人に尋ねたら、十中八九こう答えるだろう。「インドの独立記念日です」と。

インドは、イギリスからの長い植民地支配から一九四七年八月一五日に独立し、晴れて「Republic of India」になった。日本語でいうと、インド共和国。そして、一月二六日はインドの共和国記念日である。

インドでは、この両日とも国民の休日だ。そしてデリーでは大々的なパレードが行われる。もし、このタイミングでインドに行くことがあったらぜひ見て来てほしい。きっと、ディズニーランドに負けず劣らずのパレードが堪能できるはずだから。

私が通っていた南インドの学校も、八月一五日と一月二六日はお休み。とはいえ、国旗掲揚のため午前中に必ずグラウンドに整列し、理事長の話とマーチがあったものだ。この日に向け、何カ月も前からマーチの早朝練習が始まる。今でも掛け声の「レフト、レフト、レフト、ライト、レフト」という、妙にリズミカルな音は頭からなかなか離れず、ふとしたときに思い出してしまう。

両日とも特別な日とあって、学校の食事も普段とは違っていた。夜にはフォーマルディナーというものが開かれ、普段は着ない制服のブレザーを羽織っての食事となる。テーブルには真っ白なクロスが敷かれ、食事も普段より豪華とあって我々は毎回どんな料理が出るか楽しみにしたものだ。そして、食事の前にはスピーチがある。毎日、順番の回ってきた生徒が夕飯前に一分間ほどスピーチをするという習慣があったのだが、この特別な日に順番が回ってきた生徒は、普段より長いスピーチを用意しなければならないのだ。大変名誉なことだが、その分の緊張も並大抵ではなかった。幸か不幸か、私はこのスペシャルな日にスピーチをする

ことは一度もなかった。スピーチの内容は、やはり「独立」とか「インド」とか壮大なテーマになるので、順番が回ってきた生徒はさぞ準備が大変だったことだろう。ちなみに私の第一回目のスピーチは「転ばぬ先のつえ」……何のことやら。

スピーチが終わると「乾杯」が待っている。タンブラーと呼ばれていた、スチールでできたコップになみなみと水を注ぎ、全員が起立。そして、スピーチをした生徒がマイクに向かって叫ぶ。

「To The Republic!!」

それに続き全員で

「To The Republic!!」と合唱。

今でも耳に残る「To The Republic」。

普段ふざけている生徒もまじめな生徒も、声を張り上げていた。私は驚きと同時に「みんなインドという国が好きで誇りに思っているんだなぁ」と感じていた。長い歴史の中で、民族やら宗教やら貧富の差やら政治やらが折り重なっているにも関わらず、みんなが声高々に乾杯する姿に日本の同じ年代の学生たちを重ね合わせてみて、妙な不安と興奮とが織り交ざったものだ。

インドは混沌としているけれど、インドが好きな人はたくさんいる。国内外問わず、人々を魅了し続けていることが、「インド」というものの魅力の一つなのかもしれない。

思い出のバンドエイドカレー

水野仁輔

コルカタの街角で食べたチキンカレーはうまかった。骨付きのもも肉がよく煮込まれていて、だしのうま味が効いている。スプーンですくってはライスにかけて食べていると、スプーンの上に不思議なものが乗っかった。一瞬、「玉ねぎかな?」と思ったけれど、そうではない。よく見みると、バンドエイドだった。

店員を呼び、無言で器の横によけたカレーまみれのバンドエイドを指さした。さすがに彼も驚いたようで、調理場（というてもすぐ脇にある鍋で煮込んでいる）にいるシェフに伝えに行った。シェフは、報告を聞いた直後に自分の指に目をやって、その目をまん丸くしたまま僕の方に移した。僕はどういう顔をしていいか分からず、微妙な表情を返した。シェフは、苦笑い。再び僕はカレーを食べ続けた。

傷んだ魚のカレーを出されたこともある。ウェイターがテーブルに運んできた時点で、鼻を近付けなくても分かるほど、プーンと異臭が漂った。ところが、そうとは知らないウェイターは、「どうだ?うまいぜ!」と言った感じで得意げな顔つき。負けてたまるかと、僕はそのカレーを食べた。

もしかしたら、こういう香りのカレーがあるのかもしれない、と思ったことも事実だ。でも、やっぱりそんな香りのカレーはあるはずがなかった。三分の一ほど食べたところでスプーンを置き、店を後にした。店にはひと言も伝えなかった。運が悪かったということだろう。

インドで食事をするときは、不思議なことに「自分はお金を払ってサービスを受けている客なんだ」という気持ちが消えている。カレーを提供する店と、カレーを食べる僕はどこまでも対等な関係である。それが心地良いから少々の我慢は苦にならない。脳裏に敗北感が残ることはあるが、それもいつかきっといい思い出へと姿を変えるから。

とりあえず聞いてみただけ

メタ・バラッツ

とりあえず聞いてみる精神である。

ムンバイの国内線の空港から国際空港に移動するのに、以前は距離が離れていたのでよくタクシーやオートリクシャーを使った。急いでくれと伝えて乗り込むと、大抵目いっぱい急いでくれる。

そして国際空港に着くのだが、なかなか料金を教えてくれない。早く値段を言ってくれと伝えると「一〇〇ダラー」と言ってくる。「?」。もう一度聞くと、やっぱり「一〇〇ダラー」と言ってくる。どうやら「一〇〇ドル」と言っているらしい。最初は私も戸惑ったが、次の瞬間、笑いしか出てこない。そしたら彼も一緒に笑い、日本円でもいいと言ってくる。あきれた私はまず一〇ルピー渡してみる。当然、もう少しほしそうな顔をするので、もう一〇〜二〇ルピー渡しておさらばする。だいたいいつも、顔を横だか縦だか分からない振り方をして納得してくれる。

とりあえず言ってみる精神である。

もし私が一〇〇ドル払ってくれれば「もうけもん」ということで、とりあえず彼は言ってみるのである。この精神は、あらゆるところで見たり聞いたりする。たとえ可能性が薄くても、わずかな可能性にかけてとりあえず……聞いてみる。店で買い物をすると、法外な金額を要求してくるのもその精神から生まれてきたのであろう。そして、それはお金だけにとどまらず、プロポーズもしてしまうのだからびっくりである。よく日本人女性がインドを旅している最中に、道行く知らない男性からプロポーズされることがあるらしい。これもその独特の精神から生まれてくるのであろうが、可能性の低さからすれば最たるものである。

ただこの「とりあえず言ってみる精神」は、今のインドの発展に少なからず貢献していると私は思う。たとえば、仕事を頼まれてできる見込みが少ないときも、とりあえずできると言ってみるのだ。もしできたらラッキーである。そしてこのラッキーの小さな偶然が積み重なって、新しい発見や技術が生まれてきたのではないだろうか。

インドでこの精神に出会ったら、少しお付き合いしてみてはどうだろう。あなたにも、もしかしたら小さなラッキーがあるかもしれない。

JOIN AIYF

インド語の不思議

水野仁輔

アンソニーはすごいやつだ。何種類もの言語を使い分けることができる。バンガロール[*085]に住む青年で僕と同い年。お父さんは日本で長い間活躍していたスワミシェフである。

南インドを訪れた時、バンガロールにあるスワミさんの実家にお世話になった。そこに住む次男がアンソニーだった。三階建ての家に住むクリスチャンで、プラダのスニーカーを履いてローランドのキーボードを弾き、ボブ・ディランとキリスト教の関係について特集するテレビ番組を食い入るように見る男。いわゆるちょっとしたボンボンである。

彼は僕のことをバイクの後ろに乗っけてどこへでも案内してくれた。インド最大のＩＴ都市と呼ばれるバンガロールには、インド各地から人が集まってくる。そこでアンソニーの特技が本領発揮される。彼は、話したい人を見つけると顔や服装などをチェックしながら近寄り、第一声を何語で語り掛けるべきかを判断する。何語か、といってもインドの言葉なのだが、インドでは地域ごとに使われる言語が違うからややこしい。

たとえば南インドでは、カルナータカ州はカンナダ語、タミル・ナードゥ州はタミル語、ケーララ州はマラヤラム語、アーンドラプラデーシュ州はテルグ語……、といった具合である。これが関西弁と東北弁くらいの差なら理解はできるが、全く言語が違うのだ。しかも、インド全土で共通して使われるいわゆる公用語は、ヒンディー語である。アンソニーはこれらのうちのいくつかを理解し、瞬時に使い分けられる。それはもう曲芸師のごとき見事な技で、「ブラーヴォ！」と叫びたくなるが、ヒンディー語でなんと言えばいいのかわからない。

そんなアンソニーと何日かを共に過ごした別れの日、彼はバスターミナルまで僕を送り、インド訛りの英語でこう言った。

「Don't trust anybody ! Don't drink any water outside !（誰のことも信じないで！　外で水は飲まないように！）」

ボンボンらしい心配の仕方だなとうれしく思った。

インドでプロヴァンス

メタ・バラッツ

私の第二外国語はフランス語だった。だから私にはフランス語の先生がいた。

私がインドで通っていた学校では、基本的に授業は全て英語で行われ、コースによって第二、第三外国語を勉強していた。私が選択していたのはイギリスのコースだったが、なぜか必然的に全員、第二外国語としてフランス語をとっていた。

当たり前だが、フランス語の先生は、フランス語を話した。そして、フランス語の先生は全員インド人だった。

インドがイギリスによって植民地支配されていたのは有名な話だ。それによって多くのインド人が英語を流暢に話すことができ、現在の国際社会でも大きく役に立っているのは確かだろう。しかし、あまり知られていないが、イギリス以外の国にもインドは侵略され、植民地化されていた過去がある。ポルトガルやフランスもその一つ。何年か前までは、それらの国のパスポートを持っているインド人も結構いたものだ。イギリスに統治されていた地域の人々が英語を話すように、フランスに統治されていた地域はフランス語を話すことができる。インドはもともと言語がたくさんあるうえに、英語、フランス語、ポルトガル語まで混ざってくるから大変である。

私のフランス語の先生たちは、全員フランスが統治していた地域の出身だった。そこは「ポンディチェリー」という場所で、二〇〇四年に「プドゥチェリー」に改名された。南インドのタミル・ナードゥ州にあり、州都のチェンナイから海岸線を南へ三、四時間ほどバスや電車で行ったところにある、海がきれいな街だ。

私のフランス語の先生がプドゥチェリー出身ということと、インドでのフランス語圏の文化にとても興味があったため、私はそこを訪れたことがある。名物はミックスジュース。プドゥチェリーに行くと言うと、大抵の人からミックスジュースを飲むように勧められた。確かにミックスジュースの店はたくさんあった。とはいえ、フルーツが特産物ではないので、残念ながら格別においしいものではなかった。

それよりも私の目を引いたのは、その街並みだった。ほかのインドとは明らかに異なる明るくおしゃれな街並みは、どこか南仏を彷彿とさせる。コロニアルな建物は大切に保管されていて、街の看板のいたるところにフランス語とタミル語が書かれているのにも、歩いているだけでワクワク、ドキドキしたものである。

そして、料理がおもしろかった。スパイスを絶妙に使ったフレンチインディアンなのである。インドではあまりお酒を公の場で飲むことをよしとしないが、ここプドゥチェリーでは、ワインリストがメニューに添えられてくる。ワインを飲みながら料理を楽しむという、インドでは贅沢なことができた。

三日間くらいの滞在予定だったが、あまりに居心地が良かったので一週間ほど延長した。さらにアパートの家賃を調べ、大家さんに会ったりしたほど私はプドゥチェリーが気に入ってしまったのである。

新しい形のインド料理は世界中で生まれているが、これからはプドゥチェリーから新たなインド料理が発信されていくかもしれない。インドのワインの生産も増え、ますます目が離せないプドゥチェリー。料理よし、環境もよし。フランス語を勉強したい人には、特にお勧めである。

サイ・ババに会いに行く

シャンカール・ノグチ

そこでは、入口に二〇人くらいの人が集まっていた。門番から入場許可が下りた者だけが中へ入れるようだった。

ここは、ホワイトフィールド[*086]にあるアシュラム[*087]。サティヤ・サイ・ババが滞在する三カ所のアシュラムのうちの一つである。門の中に入れた人はサイ・ババに会え、説法が聞ける。ちなみに特別な許可証などはない。

私が彼に会いに行ったのは「その世界に一度でも触れることができたら」という思いからだった。アーリア系民族[*088]が書いた「リグ・ヴェーダ」という人類最古の聖典、ヴェーダ[*089]には、普遍的な祈りの言葉「ガーヤトリー・マントラ」が収められている。私はそれについての彼の記事を読んだことがあり、気になっていたのだ。それはマントラの神髄とも言われているもの。マントラとは、多大な意味を含んだ一連の言葉で、正確に唱えると神聖な力がみなぎるという。なぜ私がそんなことに興味を持っていたかというと、私の祖父がアーリア系民族だったからだ。

話をアシュラムの入口に戻そう。私は門番に歩み寄り、「入れてほしい」とだけ言ってみた。すると、あっさりと門を開けてくれるではないか。

アシュラム内は信者であふれていた。私は前方に空いているところを見つけて座った。周りを見渡してみると、サイ・ババが現れる前からマントラを唱える人、泣いている人、話している人。皆、サイ・ババに会える喜びで満ちている。私はその雰囲気に緊張し、少し驚きも感じた。しばらくして、サイ・ババが現れると途端に場内が静まり返った。アフロだとかマジックだとか、事前にさまざまな彼に関する情報はあったが、現れたと同時に辺りが光輝いているかのような神秘さを醸し出していた。そして、サイ・ババと一緒に皆でマントラを唱えた。それは、その場にいる人皆で幸せを共有しているような感覚とでもいったらいいだろうか。「神は良心という形になって、あなたの中にいる」という説法が忘れられない。

最後に、サイ・ババの手から金粉のようなものが出てきた。……それもご愛嬌というものだろう。サイ・ババと過ごしたのは一時間くらいだっただろうか。感動のうちにあっという間に時間が過ぎ、もう少しアシュラムで過ごしていたいと後ろ髪を引かれた。

この世の全てが分かるスパイス見学

水野仁輔

ベイリーフとローリエが別のスパイスだと知ったのは、南インド、ケーララ州のテッカディを訪れたときだった。コチからバスに数時間乗ってたどり着く山あいにあるこの土地では、スパイス見学ができる。実際、木になっている生のスパイスを解説付きで見ることができるのだ。スパイスビレッジというホテルで待っているとガイドの老人が迎えに来た。握手をして車に乗り込み、五分ほど走った後、緩やかに下る山道を歩く。

「たくさんスパイスがあるんですか?」

「そりゃあるさ、この世の全てのスパイスがそろってる」

ガイドは自信満々にウインクした。しばらく間をあけて尋ねてみる。

「この世の全てって、いったい何種類くらい見られるんですか?」

「ええと、だいたい、一二種類くらいかな」

ガイドは、少し小さな声になった。

最初に見つけたのは、胡椒の木だった。たわわに実った緑色の粒々を手に取って、これが最終的にグリーンペッパー、ホワイトペッパー、ブラックペッパーとなるプロセスを熱っぽく説明してくれた。その周囲にはさまざまなスパイスが目に入る。使い慣れたカルダモンもクローブも生の状態で見るのは初めてのこと。僕が根掘り葉掘りと何でもしつこく質問したせいか、ガイドの説明もやたらと丁寧だった。一つ一つのスパイスについて、いつごろ収穫して、どう加工すると僕らの知っているスパイスの状態になるのか、日数、時間、温度や方法など細かい解説が続く。

「君はどこから来たんだ?」

「日本です」

「そうか、それはいい。インド以外のアジアの人たちはスパイスについてあまりよく分かっとらん。勉強するのはとてもいいことだ。日本ではインド料理店でも経営してるのかい?」

「まさか。ただカレーが好きなだけです」

「それにしてはずいぶん詳しいな。私の見せるスパイスのことを全部知ってるじゃないか」

ガイドはうれしさと悔しさの両方をにじませながらそう言った。じゃあ、これはどうだ、といった調子でガイドは一本の大きな木の前で止まり、葉をちぎって渡してくれた。鼻を近づけるとよく知っているスパイスの香りがした。

「シ、シナモン!?」

ガイドはニヤリと笑う。

「そう、これは、ベイリーフだよ」

「どうしてベイリーフからシナモンの香りが!?」

僕の頭の中は混乱した。だって、ベイリーフという葉とシナモンという木の皮は全く別のスパイスだと思っていたから。戸惑う僕を確認してから、ガイドは目の前の木の皮をはいで僕の鼻に近づけた。フレッシュですがすがしいシナモンの香りが鼻腔をスーッと通り抜けていく。そうか、ベイリーフというのはシナモンの木の葉のことだったんだ。日本でもベイリーフは使ったことがあった。ローリエとは明らかに形状が違う。葉が大きくて葉脈は縦に二本通っていた。僕は、ローリエの言いかえがベイリーフで、いわゆるローリエには二種類あるのだと思っていたのだ。

インド以外のアジアの人間はスパイスを知らない。ガイドにさっき言われた言葉が頭を駆け巡った。目の前になっているスパイスを見て触って香りを嗅ぐ。この体験は貴重なものとなった。百聞は〝一香〟に如かず。これを僕のスパイス格言として大事にしようと思う。

SOFTY SHOP

ムンバイ、窓からの景色

メタ・バラッツ

三カ月に一度、ムンバイを訪れていた時期があった。ムンバイ滞在中は、決まって知り合いの家に泊まらせてもらった。ムンバイの中心地、ケンプスコーナーというところにある彼の家は、約二〇階建てのビルの上階にあった。

初めてそこを訪れたのは、約二五年前だろうか。家族で訪れては食事をしたり、会話を楽しんだりしたものである。そして一〇年ほど前に久しぶりに訪れたときは、以前と変わらない周りの景色に懐かしさを感じたものだ。

そのころからインドを取り巻く世界や内情が大きく変化したようだ。知り合いの話やニュースによるとITの発展が著しく、経済が大きく成長しているとのことだった。当時、学生気分が抜け切らない私は、そのことを誇りに思ったりしたものだが、正直なところ、あまり実感はなかった。

二〇〇七年ごろ、ムンバイを頻繁に訪れるようになってから、現実の変化を目の当たりにした。それは私にとって貴重な経験だった。いつもの家に泊まらせてもらっていた私は、その家の窓から変わりゆくムンバイの景色を眺めることができた。毎日ではなく、三カ月に一度だったから、より変化を感じられたのかもしれない。訪れるたび、同じ部屋、同じ窓から眺める新しい景色は、インドの発展が早送りになっているかのように感じられた。ニュースで言う「経済成長」を、初めて肌で感じたのを今でも覚えている。

現在も進行形で発展しているインド。今後、より世界のなかで重要視される国の一つになっていくだろう。「昔のインドは良かった。昔の日本を思い出させる」といった話をよく聞くが、もしかしたら近い将来、インド人が日本に来て「昔のインドみたいだね」という日がくるかもしれない。

ゆっくりと牛が道を歩く中、目まぐるしく街並みが変わっていくのもインドなのだ。

東京スパイス番長がインド的にお答え！

INDIA Q&A Vol. 2

Q06

どこへ行くべきでしょうか？

チャイの香りがする方へ歩いてください。〔水野〕

行きたいと思ったところ。〔ナイル〕

タージ・マハル、ガンジス川。〔シャンカール〕

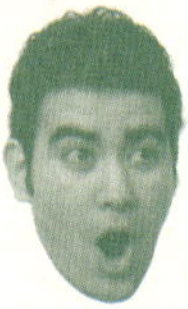

私に聞かないでください。〔バラッツ〕

Q07

歯を磨いた時どうやって口をゆすいだらいいですか？

私はホテルなどの水道水でゆすいでしまいますが、心配ならミネラルウォーターで。〔バラッツ〕

Q08

携帯電話（スマホ）は使えますか？

使えます。ホテルでWi-Fiの使用時間料金（30分、1時間、5時間など）を購入して使えます。ローミングして使用すると後から高額の料金が電話会社から請求されるのでご注意ください。〔シャンカール〕

日本で予めWi-Fiをレンタルしておくと便利ですよ。インドに頻繁に行くようでしたらインドで携帯を買うのもありですね。〔バラッツ〕

Q09 象に乗れますか？

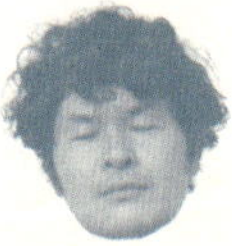

ジャイプールのお城に向かう山道で乗ったことがあります。〔シャンカール〕

Q10 いいレストランの見分け方は？

鼻をクンクンさせましょう。いい香りがすればいいレストランです。〔水野〕

混んでる店は基本的に間違いない。〔ナイル〕

第三章

哀

腹を壊す価値がある一杯の水

メタ・バラッツ

それを洗礼だという人もいる。

インドを旅したことのある人々の多くがそう口にする。日本と違い、インドでは水道の蛇口から出てきた水をそのまま飲むことはできず、飲み水は飲み水として購入しなくてはならない。そして例外を除き、ほとんどの人がお腹の調子を悪くするのである。インドで暮らしているほとんどの人がそうだが、私もインド滞在中、注意していることが多い。水のほか、油やストロー、洗い終わったコップや食器、屋台で売られている食べ物など、レストランの衛生状況にも気を付けている。カナダに住んでいる知り合いのインド人は、インドに帰国するたびに初日から大好物のパニプリ[*090]をムンバイの屋台で食べ、インド滞在中はほとんど寝込んでいるという。

この「パニプリ」がおいしいのだ。だが、あまり皆さんにはお勧めできない。大抵が大変な目に合ってしまうから。「それもインドだ」と割り切るのであれば、それはそれでいいのかもしれないが、私はあまりお勧めしない。

かくいう私もインドでは散々な目に何度となく合ってきた。特に、長い期間過ごしていると、それは突然やってくる。なかなか苦しいものである。学生時代、「腹を壊した」は、さぼりたい時の常套句であった。先生をはじめ皆がトイレへの道を空けてくれ、それ以上は詮索しない。

インドのおもてなしの一つに、家に人が訪れて来たとき、まずは一杯の水を渡すという習慣がある。そしてその後に、チャイを飲むか尋ねるのだ。外で買って来た出来合いのものは失礼とされ、各家庭で作ったお菓子や簡単な食事を、チャイと共に出すのが一般的である。大抵は浄水されたきれいな水を出してくれるのだが、少し濁った水が出てくることもなきにしもあらず。そんなとき私は丁重に断り、ちゃんと加熱されたチャイを飲むようにしている。

インドのおもてなしの一杯。数々の一

杯を飲んできたが、今でも、そしてこれからも忘れられない一杯がある。それは数年前、とある友人の故郷へ連れて行ってもらったときに飲んだ一杯の水である。

ムンバイから北上するとグジャラートという州がある。私の故郷である。私の友人も同郷で、彼が久しぶりに帰郷する際に「インドの田舎」に興味があった私は付いて行ったのだ。そこは少し大きめな街から車で約三〜四時間。とても辺鄙な場所にあり、バスもほとんど通っていないので我々は車で行った。久しぶりに帰った彼に便乗し、私はさまざまな人たちと会った。一〇〇人にも満たない人口の小さな村。皆が皆を知っていて、彼は村の人々から大きな祝福と歓迎で迎えられていた。彼は久しぶりに帰った故郷だったが実家でゆっくりできず、多くの人から招待を受け、家々に招かれては何杯も水を飲み、何杯もチャイを飲んでいた。

そんな歓迎を受けるなか、一軒だけ少し雰囲気が違う家があった。玄関を入るとそこは薄暗く、部屋の真ん中には老人がベッドの上に横たわっていた。部屋の中には若い男性が七、八人ほどいたであろうか。みんな真剣なまなざしである。いかにもこれから何かが始まるといった面持ちのなか、彼は私に教えてくれた。

「この人はもうすぐ死んでしまうんだ。みんなはこの老人の話を聞きにここに集まったんだ」

そして外から光が少しだけ差し込む薄暗い部屋の中で、老人がゆっくりと小さな声で話し始めた。英語ではなかったため、何を言っているかはっきりとは分からなかったが、どうやら老人は彼が生まれてからのことを話し始めたようだった。何十年も前に経験したこと、昔の村の様子、彼の人生をゆっくり、ゆっくりと。この価値ある時間と体験は、一瞬のことのような気がしたが、外に出たころあたりは真っ暗になっていた。

老人が話し始めて間もなくして、おそらく孫であろう女の子が我々にコップに入った一杯の水を持って来てくれた。それを口にした瞬間に腹を壊すことは想像できた。しかし、どうしてもその「一杯の水」は飲み干したかった。

翌日、ひどい目に合ったのは言うまでもない。しかし、飲んだことに一切後悔はない。今でもあのとき飲まなかったら、もっと後悔していたと思う。

今まで飲んだ「一杯の水」で最も味わい深く、そして重い一杯であった。

まさしくインドの洗礼を受けたのである。

夜行列車の襲撃者

シャンカール・ノグチ

　一九九八年、核実験や弾道ミサイルの実験によってインドとパキスタン間が緊張関係にあったとき、私はいつものようにインドへ出張していた。新聞やテレビから両国の張り詰めた様子が伝えられ、さすがに私も緊張していた。何をいつまでも争っているのだと、憤りも覚えた。

　こんな時期だったからか、ニロンズ社の製造工場があるジャルガオン[*091]からムンバイへの帰りの列車内で、私はテロに遭遇してしまった。

　その日、私は夜行列車のベッドで休むつもりだった。ところが、電車に乗ってすぐ、グリーンの軍服を着たパキスタン人らしき二人が、二段ベッドの上段にいるのが目に入った。そしてあろうことか、私を睨む彼らの手に、ライフルがあるのを見てしまったのだ。それに気づいた一人が慌ててライフルを毛布に隠したが、もう遅い。ちらりとでも見てしまった私は休むどころではない。一瞬にして不安で凍りついた。私のベッドは、彼らと通路一本挟んだだけの位置。しかし、不安を隠し素知らぬふりをした方が身のためと思い、私は平常心を装った。私のベッドの下にはブリーフケースを持った身なりのいいシーク教の年配客が寝支度をし、向かいの二段ベッドには、ヒンズー教の若いビジネスマン二人がそれぞれ横になっていた。

　私は眠れなかった。殺気を感じるのだ。襲撃を受けたらどう対応したらいいのか、今はとにかく動かずに寝たふりをしていた方がいいのか、それとも銃を蹴飛ばしパンチを一発食らわせるか、いやそんなことしたら殺される……ひたすらいろんな考えを巡らせていた。

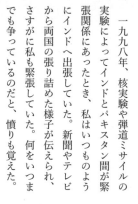

　三時間か四時間ほど経過し、皆が寝静まったころ、案の定、襲撃が始まった。

　それはイスラム教徒[*092]であろう軍服二人による、私のベッドの下にいたシーク教徒への襲撃だった。「始まった！」と思うと同時に、反射的に私の体は動いてしまった。すると、すかさず軍服の一人が私の足にライフルを思いきり叩きつけた。その後、じっと動かず息を殺して過ごしたのは言うまでもない。下の被害者はしばらく叩かれ続けていた。向かいの若者と目が合ったが、「何もせず、静かにしていた方がいい」と私たちは目配せし合った。

気が付いたら、辺りは静まり返っていた。襲撃者の二人の姿はどこにもない。あろうことか私は貴重品を抱え、気を失うように眠っていたのだ。その間に列車は終点のムンバイに着いていた。ほかの乗客も見当たらないため、身支度をして急いで列車の外に出た。もしかしたらこれは夢か……いや違う。ターバンはもちろん、身ぐるみはがされたシーク教徒がホームを歩いていたのだ。下着姿でよろよろと。

インドでは気をつけてほしいことがある。宗教間や、国同士の争いはいまだにあるのだ。もちろん、多くの人は平和を愛している。しかしごく一部の人が争いをつくりあげ、闘争となってしまう。旅先で、もしそんな状況に遭遇したら巻き添えを食わないよう対応してほしい。自己防衛が必要なときもあるのだ。

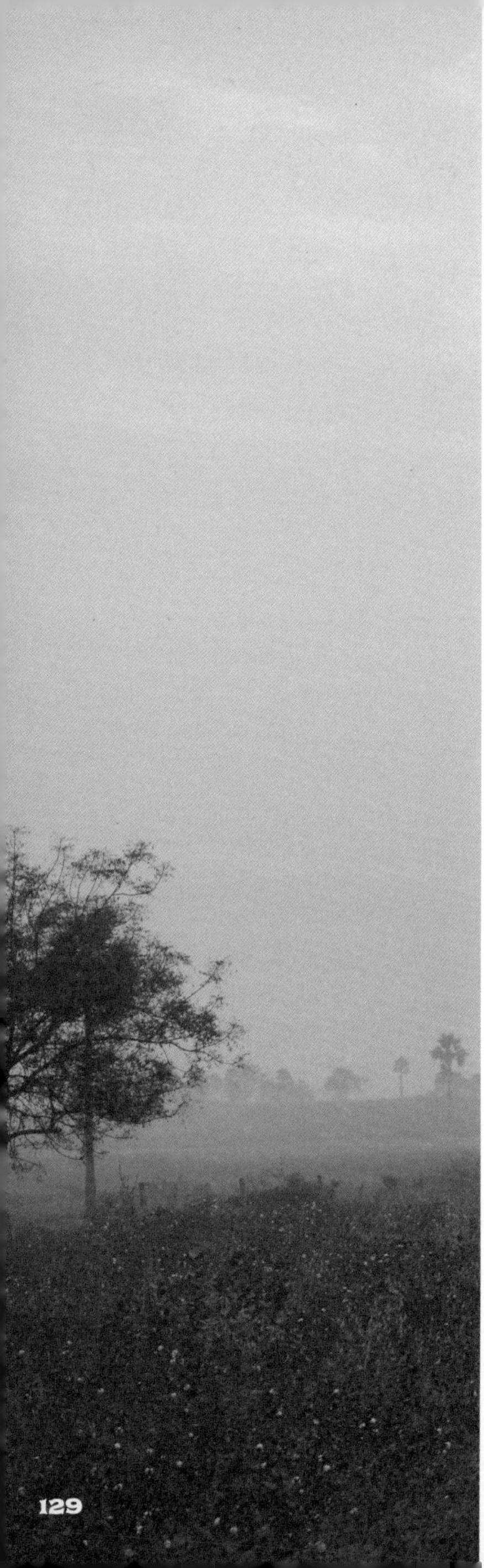

チャイナタウンのクー・イエン・ラング

メタ・バラッツ

クー・イエン・ラング。彼は私の学生時代の友人である。コルカタ生まれのコルカタ育ち。ベンガル語が達者である。ニルギリの学生寮で共に三年間を過ごした。小柄で負けず嫌いな彼は、よくほかの学生たちと口論になりけんかしていた。スポーツは全般的に得意で、特に卓球はなかなかの腕前であった。

彼のルーツは名前から察する通り、中国である。コルカタに二つある中華街の一つに、彼の実家がある。中国西部にルーツを持ち、客家*093の一族であるらしい。我々が知る一般的な中国語とは少し違う言葉を話すらしいが、詳しいことは説明してもらったがよく分からなかった。彼のお父さんのお父さんの、そのまたおじいさんの……とにかく何世代か前に皆でコルカタに移り住んできたらしい。

二〇一三年、東京スパイス番長の仲間とコルカタを訪れた。そこで約一〇年ぶりに彼と再会し、祝杯を挙げたのが昨日のことのように思える。

私の記憶では、確か彼の家業は革製品を扱っていたように思うが、再会したときは小さなデリバリー中華料理屋を経営していた。昨今急成長を続けるインドでは都市開発の見直しが行われ、革製品の製造所から出る汚水が問題になった。そんな経緯から家業が経営困難に陥り、撤退を余儀なくされたらしい。

訪れた彼の実家は鉄筋コンクリートでできた倉庫のようで、中はがらんとして、薄暗かった。倉庫の片隅の小さな部屋からはランプの明かりがもれ、中にはベッドがあった。そこで寝ているとのことだった。以前はこの倉庫で革製品を製造・発送し、財を成したという。

「借り手がなかなか見つからなくてね。上の階はサリーの工場に貸してるんだ」

彼は小さな湯飲みに中国茶を注ぎながら教えてくれた。二階を見せてもらうと、一面に敷かれたサリーの生地に刺繍を施す機械が、カタン、カタンと無造作に音を立てながら動き、インド独特の模様を鮮やかに刺していた。

舗装されていない道路は頻繁に工事が行われ、思うように動きが取れないとクーは嘆いていた

〔右上〕所々で赤い色が目に入るのが中華街らしい　〔上中〕中華街は、インドと中国が入り混じる不思議な空間　〔左上〕クーの住処の２階にあるサリーの刺繍工場。カタンカタンと一定のリズムがどこか哀しげ　〔右下〕革製品を作る過程で出た汚水が流れる排水路　〔左下〕革製品を作る工場で働く男たち。今は中国系よりイスラム系が多い

「すごいだろ、これ。全部自動なんだ」

自慢気に話す彼は、少しさびしそうだった。

赤色に塗られた建物が目立つ中華街はあまり人気がなく、何軒か中華料理屋があるだけだった。革製造から撤退を余儀なくされた中華街の住民は、次々とその地を後にし、オーストラリアやアメリカ、ヨーロッパに移住していったらしい。

「やつらは別に土地に愛着なんて持ってないんだよ」

何千人もいた住民も今では百数十人になったという。今後再会を果たすのが難しい何百人もの仲間たちを、彼は見送ったそうだ。残っているのはほとんどが彼の親戚。その数なんと約八〇人。

「俺らが出て行ったらここはもう廃墟同然だよ。親もいるし、できるだけ長くここにいたいんだ」

おそらく、今後のインドの発展や都市開発で排水の整備が進み、彼らもこの中華街からいずれは撤退を余儀なくされるのだろう。文明は栄え、いずれ滅んでいく。その繰り返しで歴史が紡がれていくのだ。大きな国、インドの片隅でうねりに飲み込まれ、忘れ去られてしまうのかと思うと、哀しくなってしまった。

今日のインドは、昨日のインドとも明日のインドとも違う。私としては、ぜひ「今」のインドを見てもらいたい。明かるく豊かな未来と引き換えに、捨てられてしまうものもあるのだから。

東インドの旅からの帰国後、しばらくしてクーから連絡が来た。

今はオーストラリアのホテルで働いているそうだ。

「俺はここで生きていくよ！」中華街のおいしい中華料理を自慢しながら熱く語るクー

ダリッドの子供たち

ナイル善己

インドにアーリア人が入植したとき、自分たちの地位を守ろうとする者が、肌の色や職業などを分け、差別したのがカースト制度の始まりだ。以来、一〇〇〇年以上この制度は続いているが、一九五〇年に法律で差別をなくすように制定された。だが、ほとんどその効果は見られない。

カースト制の中にも入れない不可触民、「ダリッド」と呼ばれている存在がある。自ら望んでダリッドの家庭に生まれる子供はもちろん、いない。幼い子供たちは、生まれてから一度も教育を受けることができず、自分たちを取り巻く環境以外のことは何も知らない。何をして過ごしているかといえば、物乞いをして家族を助けているのだ。

所々破け、薄汚れたワンピースを着ている少女に出会った。靴は履いておらず裸足のまま。目はどことなくうつろ。その少女の腕には一歳くらいになる裸の赤ん坊が抱かれていた。少女は右手を自分の口元に運び、ご飯を食べたいというジェスチャーをする。同じように赤ん坊の口元にも手を運び、この子にも恵んでほしいとアピールしてくる。僕はこうした子供たちに、わずかだが小銭を与えていた。ある日、その様子を離れた所で親が見ていることに気が付いた。お金を集められずに母親の元へ戻った子供が、頭を叩かれて泣いている姿を目撃したこともある。渡したお金が父親の酒代に消えていったときもあった。

それから僕がインドへ行くときは、必ず袋いっぱいのお菓子を買って、持ち歩くようにしている。物乞いをしに集まって来た子供たちに配って歩くために。小銭と一緒にお菓子を渡された子供は、最初きょとんとしているけれど、すぐにそれがお菓子だと気付いてうれしそうに頬張る。一瞬見せてくれるその笑顔が僕は大好きだ。

みなさんも、ダリッドの子供たちが寄って来ても疎ましがらず、ポケットに入っている一ルピーと一緒にお菓子も分け与えてみてはどうだろう。

あの子たちには存在する意義も生きる価値もある。ただ、不運な環境に生まれてしまっただけ。無垢な子供に人種も国境も差別も、隔てるものは何もないはずだから。

ビザのないインド人

メタ・バラッツ

困ったことの一つである。

私は日本で生まれたが、国籍はインドである。ナイル善己さんも同じである。

日本では永住権があるものの国籍がインドとあって、ほとんどの国への入国にビザが必要なのだ。そのために大使館に行ったり領事館に行ったり、お金を余分に払ったりと不便なものである。おかげで私は、東京にあるいろんな国の大使館の場所を把握している。いつかはビザを取得するためではなく、パーティーにでも呼ばれてみたいものである。

普段、日本で何不自由なく生活していると、自分がインド国籍だったことや、海外旅行にビザが必要なことを忘れてしまう。もちろん、インドへの入国には必要ないが、トランジットで香港、タイ、シンガポールに二、三日滞在するときなど、すっかり忘れてしまうことが多い。出発の一週間ほど前にパスポートなどをチェックしているとき、思い出して慌てるのがいつものパターンである。ひどいときには三日前に気付き、慌てて大使館に駆け込み何とかお願いして手に入れることもしばしばである。

恥ずかしながら私は、インド国籍ならバングラデシュへはビザがなくても入国できるとずっと信じていた。根拠があるわけではないが、そういうものだと思い込んでいたのだ。そしていつの日か、バングラデシュに行くときは堂々と胸を張って入国審査を通過しようと楽しみにすらしていた。

楽しみにしていたバングラデシュを訪れる日は、意外にもすぐにやってきた。二〇一三年、東京スパイス番長のメンバーでバングラデシュの川に釣りをしに行くことになったのだ。私はうれしくなり、早速、ナイルさんに私たちはビザが必要ないということを伝えた。そして私は、ほかのメンバーは日本国籍だからビザの手続きが面倒でかわいそうだなぁと思っていた。するとナイルさんから連絡が来て、告げられた。

「バラッツ、インド人もビザが必要らし

いよ」

そしてさらに、日本人より時間が掛かり、用意する書類も多いとのこと……。何てことだ。私の長年の夢は一気に消え去り、新たな試練が生まれたのだった。

翌年は皆でチェンナイに行った。トランジットでシンガポールに立ち寄ったのだが、例のごとく三日前にビザを取得していた私は、ナイルさんにシンガポールもインド人はビザが必要なことをすっかり伝え忘れていた。

何とかなるかと思ったが、帰りのシンガポールでのトランジットでは何ともならなかった。シンガポールで数日過ごそうと計画していた我々を残し、ナイルさんは一人日本への帰路についた。

今でもあの出来ごとを思い出すたび、恩をあだで返したなぁと反省している。

皆さん、インド国籍の人と旅行に行く際は、ビザのことを気にかけてください。

ブラック・タージ・マハル幻想

水野仁輔

インドとは思えないような静けさだった。静寂という言葉をそれまでの僕は間違って使っていたのかもしれない。音がないわけではない。人々は辺りを歩き、会話をし、風が吹いて、誰のものでもない野良犬が走りまわっている。そこに音はあるはずなのに静かなのだ。耳の奥にかすかに「キーン」という音が鳴っている。飛行機が上空高くを飛んでいるときに聞こえるような音。不思議な感覚だった。

ゆっくりと歩を進める。遠く前方正面には、真っ白な建物が左右対称に伸びている。インドで最も有名な建造物、タージ・マハルである。この光景を写真で何度見たことだろう。係りの人に促されるがままにサンダルを脱ぎ、裸足になって階段を上る。総大理石の床は、ひんやりとして心地良かった。

建物の裏側へぐるっと回ると、ヤムナ川[*094]が見えた。建物の表側から太陽が照っているから、裏は、ちょうど日陰で涼しい。ゆっくりと腰をかがめ、あぐらを組んだ。気が付いたら僕はうたた寝していた。どのくらいの時間かは分からない。遊んでいる子供のピンポン玉が頭に当たって目が覚めたことは覚えている。このままずっとここにいたいと思った。

思い起こせば、ここに来るまでが大変だった。デリーから電車に乗って、アーグラ駅にたどり着いた。駅の改札から一歩外に出るなり、僕の周りには人だかりができた。この駅で降りる外国人なんて、タージ・マハル目当ての旅行者しかいない。リクシャーワーラーたちは口々に「俺のに乗れ」と売り込み合戦を開始する。さすがはインドが世界に誇る観光地。その執拗さも尋常ではなかった。そのうち、からかい半分で吸っている煙草の吸殻を頭にふりかけてくる奴が現れた。冷静さを失った僕はその場で怒鳴った。

「どけぇぇぇ！」

一瞬、辺りがシンとなると、今度は気の良さそうな青年がすっと寄って来て、料金交渉を始めた。僕は早くその場から逃げ出したくなって、リクシャーに乗り込んだ。砂埃を舞い上げながらリクシャーは走る。タージ・マハルまでは、たった数分だったように思う。入り口からひとたび中に入ると、そこは、誰にも邪魔されない「守られた空間」だった。あの安堵感や心地良さが、僕には過去にないほどの静寂として感じられたのかもしれない。

タージ・マハルは、十七世紀から十八世紀初頭にかけて、インド北部を支配したトルコ系イスラム王朝、ムガル帝国の皇帝シャー・ジャハーンが、一六三一年に死去した愛妃ムムターズ・マハルのために建設した総大理石の墓廟だ。要するに、お墓なのである。ということは、僕は他人のお墓で居眠りをしたことになる。

実は、タージ・マハルには次なる計画があった。ヤムナ川の対岸に全く同じ形のブラック・タージ・マハルを建設しようとしていたというのだ。イスラム教は左右対称を重んじる。東西へ左右対称に伸びたタージ・マハルは、南北で見れば、未完成な状態だ。正真正銘のシンメトリーを目指すために、皇帝シャー・ジャハーンは自分自身の墓を造ろうとしていたのである。ところがこの計画は幻想に終わった。帝位を巡って争う息子の一人に、彼はアーグラ城塞内に幽閉されてしまった。自分の墓を建てるどころか、愛妃の眠る墓に触れることもなく城の中で息絶えたという。

僕はタージ・マハルが大好きだ。あの真っ白な建造物を思い浮かべるたびに、その裏側に真っ黒な総大理石のタージ・マハルを想像したくなる。

インドの発展とマギーヌードル

メタ・バラッツ

「インドに麺文化はない」と、言われることがよくある。言われるたびにいつも心の中で思っていたことがある。

「いやいやマギーヌードルがあるじゃないか」

ただ、思っても決して声に出して言わない。それは分かっているから。マギーヌードルは文化として認めてもらえないことを。

マギーヌードルとは、平たく言えば、カレースパゲティである。多くのインド人を魅了してやまないこのカレースパゲティ、チャイなどを売っていて、席があるような店先で食べることができる。味はというと、多分、インスタント麺の茹で水を切ったものに、カレー粉と塩をまぶせば似たような味になるだろう。ただ、似たような味であって、同じ味ではない。そこが、インド人のスパイス使いのきらりと光るところだ。

ノンベジタリアンなら、ぜひ卵トッピングも楽しんでいただきたい。スパイスでしっかりと味をつけた、玉ねぎ入りオムレツで味わうのが一番良いと思う。

インド全国、子供から大人までをとりこにするマギーヌードル。学生時代は、ランチタイムに週一回出るコカ・コーラと、いつ出るか分からないマギーヌードルを楽しみにしていたものだ。

三、四年前、インドとパキスタンとの国境、ワガ・ボーダー[*095]にある屋台でマギーヌードルを一〇年ぶりに食べた。変わらないおいしさに感動したことは言うまでもない。

そして、昨年ついにチェンナイの国際空港にてマギーヌードル屋を発見した。きれいで整然としている店構えを見て、思わず食べるのを躊躇してしまった。インドの発展と、置いて行かれた何かをマギーヌードルを通して見たような気がした。

インドの秩序とBMW

シャンカール・ノグチ

デリーにある日本大使館の大使に、デリー駅近くのホテル街まで迎えに来てもらったことがある。大使はドライバー付きのBMWで颯爽と登場した。そこまでは良かったが、場所がホテル街ということと、車やバイクなど、人通りが激しい夕方の時間帯というのがまずかった。その混雑した中で、なんと、私を乗せたBMWはターンを決め込もうとしたのだ。しかし、ドライバーがターンしきれなかったため、悲劇は始まった。私たちの車は道路をふさぎ、通行人は道を譲ろうとせず、車はどうにも動けない状態に陥った。実際は五分くらいの出来事だっただろうか。しかし、私にはその五分が随分長い時間に感じられ、今でも忘れられない苦い思い出となった。

インド人ドライバーの強引な判断の結果、その行為に腹を立てる人や家路を急ぐ人が、波のようにこちらに押し寄せて来た。そして皆、容赦なく車中に眼を飛ばしてくる。車は曇りガラスだったため、向こうから中は見えていなかっただろうが、こちらにはただならぬ雰囲気がびしびし伝わってきた。人々の暗黙の了解ともいえる規則的な動きで成り立つラッシュ時の秩序が、今日に限って一人のドライバーによって打ち壊されたのだ。その光景は、蟻が列をなして食糧を運んでいるところ、突然何かに遮られ、それでもほんの少しの隙間を探して前に進もうとしている様子と重なった。自然界で起きる現象は、人間社会でも一緒なのである。

もしも、あなたが電車のチケットを買おうと駅を訪れたら、その光景に戸惑うだろう。インドでは誰も一列に並ばないのだ。そこにはチケットカウンターを囲むように、半円ができている。インドでは、しばしば日常の中で争いが激化する。人口が多いためか、そういう習性になってしまったのである。しかし皆、自分や家族のチケットを手に入れようと真剣なのだ。インドで電車のチケットを買う時は、お金をしっかりと握り、チケットカウンターの職員の目の前に差し出そう。そして「私が一番先よ、外国から来てるんだから先にしなさい」とばかりに、にらみ付けるのだ。もちろん、にらみっぱなしでは効果はない。その後、にっこりスマイル。アイコンタクトを忘れずに。

さて、その後のBMWの話。

突然、目の前に一人の男が現れた。でっぷりした体系にワイシャツ姿の彼は、仕事帰りだったのだろう。彼は機敏に動き、手際良くジェスチャーを交えて交通整理を始めたのだ。そんな勇者のおかげで、我々は無事にターンでき、車の流れに乗ることができた。

ハラハラする出来事が起こるのがインド。日本人大使は、初めて来たエリアで思いもよらない事態となり、その後しばらく興奮状態が続いていたようだ。あまりうれしくはないが、インドの洗礼といったところだろう。

どちらの手でノートを書くの？

メタ・バラッツ

何度、震え上がったことだろうか。

何度、犯してしまった過ちを後悔したことであろうか。

何度、もう帰りたいと思ったことであろうか。

何度、聞かれたであろうか。

「あなたはどちらの手でノートを書くの？」

ケインというものをご存知だろうか。英語で書くと「cane」。日本語に訳すと、つえ、ステッキ、竹に似た丈の高いイネ科の植物の総称であるらしい。

しかし、私がインドで過ごした学生時代は違う意味だった。ケインは確かに竹みたいなものでできていた。約五〇センチくらいの丈で、先端に丸く塊みたいなものが付いていた。振るとしなやかにビュッと音を立てた。その「ビュッ」という音は、我々生徒たちには恐怖でしかなかった。

「どちらの手でノートを書くの?」

今でも夢に出てきそうなこの質問は、生徒が悪さをしたときに、先生がする質問なのである。そして利き手を答えると、反対の手の平を見せろと言うのだ。そして先生がケインを大きく振りかぶり「ビュッ」と音を立て、「パチン」と手の平をたたくのである。

ケインでたたかれるのにはコツがいる。たたかれるとき、決して手の平を丸めないこと。骨に当たらないようにすることが、大きなコツである。ひとたび骨に当たってしまった日には悲惨である。たたかれた箇所は数日間黒くなり、触るととても痛い。肉がたくさんあるところは赤くなるだけで、一~二日すれば痛みは引く。

約三年の学生生活で何度もケインを受けたが、その中でも印象に残っているのは「緑のプール事件」である。

学校には二五メートルプールがあった。屋根は付いているものの、ほとんど役に立たず、雨が降ると水は汚れた。

ある晴れた暑い日。体育の授業で水泳があり、プールに向かった。だが、遠くから見ても、近くから見ても、水をすくってみても、プールの水が緑色にしか見えないのだ。我々生徒は先生に抗議をしたが受け入れてもらえず、悔しさのあまり私と何人かの生徒は授業をボイコットしたのである。そして案の定、授業終了後、校長室に呼ばれてしまった。正義は我々にあると信じて校長室に意気揚々と向かったが、結果は惨敗であった。

インドでは神様の次に先生が偉く、そしてその次に親が偉いのである。先生の言うことは絶対であり、学校生活、特に我々の学校のように全寮制の場合は、それが特に重んじられていた。

結果その日、我々の主張は受け入れてもらえたものの、先生に背くという過ちを指摘され、ケインを五発受けたのである。

現在、インドの教育では体罰は重く罰せられ、法律でも禁止されている。しかし、あのとき真面目に勉強するよう私を導いたのは、ケイン数十発であることは確かである。

本当のインド料理とは何か？

水野仁輔

モーティ・マハールというレストランの存在は昔から知っていた。オールドデリーにあるその老舗店は、インドで初めてタンドール料理を提供した店として、その名を日本にまで轟かせている。だから、料理雑誌の企画で、モーティ・マハールを取材できるチャンスが巡ってきたときは、小躍りした。憧れの店の調理場に入れるのだから。

インドにおける猛暑中の猛暑、五月のある日、僕はモーティ・マハールの門の前にいた。高まる鼓動を抑えられない。普段、どこに旅をしても記念写真は一切撮らない僕が、カメラマンに自分のカメラを渡し、店の看板の前に立ってにっこりと笑った。今思い出しても気持ち悪い行為である。表通りの喧騒から門をくぐって店の敷地に入り、少し右に曲がって左を見ると、広々とした中庭が見えた。緑と青を組み合わせたような、どこかおどろおどろしい照明に照らし出されたモーティ・マハールは、さっきまで歩いてきたオールドデリーの街並みを忘れてしまうほど別世界に思えた。

ただ、ほぼ同時に僕の鼻腔を破壊するほど強烈な消毒液の匂いがしたことも付け加えなければならない。虫よけなのか、テーブルや椅子の洗浄剤なのか、とにかく飲食店にはあるまじき匂いに頭がクラクラする。この中で料理を食べるのか……。その小さな衝撃が、この店に憧れる僕の気持ちをずいぶん冷めさせた。

取材が始まり、目の前で料理が繰り広げられる。僕は鬼のような形相でメモを手に取り、シェフの手元を食い入るように見つめた。調理場に入ると極度の興奮でいつもそうなってしまう。教えてくれたのは、名物のタンドーリチキンと、それを使ったムルグ・マッカーニという料理。日本では、バターチキンという名前で有名なクリーミーなカレーである。この取材でいくつかの信じられない光景を目の当たりにした。

タンドーリチキンを漬け込むマリネ液にドバドバと赤い粉が入る。

「こんなに唐辛子を入れて大丈夫なの?」

「もちろん。これはカシミールチリと言って辛味が弱いんだ。最近じゃ、食紅で赤い色を付けてる店が多いけど、本当はこれで鮮やかな赤みを出すのさ」

味見をすると確かに辛味は弱く、唐辛子特有の香りが強く感じられる。なるほど、タンドーリチキンの赤色はこれだったのか。マリネする時間は四十八時間がベストだという。包丁で切り分けていない丸鶏をそのままシークに刺して、巨大なタンドールで焼き始める。一五分ほどたったころだろうか、シェフはタンドールからシークを取り出し、傍らの物干し竿のようなものに引っかけた。

「これで完成?」

「いやいや、このまましばらく置いておくんだ。最後にまた焼くよ」

丸鶏からは蒸気がシュワシュワと立ち上り、床にはぽたぽたと肉汁や脂分がしたたり落ちている。僕は思わず丸鶏の下に行って口を開けたい衝動にかられた。だって、一番うまいところが肉から流れ出てしまっているんだから。じっとしていられるわけがない。

「なぜ、仕上げる前に一度取り出すんですか?」

「ここで余計な蒸気と脂を抜くためだ。このほうがカラッとした仕上がりになる。そう、カラッとしてるのが本当のいいタンドーリチキンなんだ」

シェフは自信満々にそう答えてくれた。肉はジューシーだからこそうまいんだというのは、日本人である僕の固定観念だったとこのとき気が付いた。インドにおけるタンドーリチキンの美学は、別のところにあったのだ。

出来上がったタンドーリチキンを使って、今度はムルグ・マッカーニを作り始める。バターを熱してスパイスを加える。トマトペーストが入り、チキンが入る。

「あれ? カスリメティ[*096]は入れないの?」

「入れないよ。あんなものを入れたらソースが濁ってしまうだろ? 本当のムルグ・マッカーニにはカスリメティは入らない」

隣の寸胴に目をやると、玉ねぎやトマトがグツグツと煮込まれている。聞けば料理に使うベジタブルスープだという。これにも驚いた。インド料理は別鍋でスープストックを取るようなことはしないというのが僕の知っている〝常識〟だった。寸胴を前に固まる僕にシェフは、「とことん煮詰めればさっきのトマトペーストにもなるんだ」と得意げな顔。

何から何までが驚きだった。見たことのない料理を見たのではなく、よく知っている料理を見せてもらって、そこに知らない美学やテクニックが満載だったことが何よりショックだった。インド料理とは何か。僕の頭の中は、しばらくその疑問がグルグルした。

消毒臭のする中庭で料理をいただく。夜の営業はとっくに始まっている時間だけど、広々とした店内に客はまばらだ。そこには過去の栄光は影をひそめ、すっかり全盛期を過ぎてしまった老舗店特有のわびしさが漂っていた。取材をアレンジしてくれたオーナーが、背筋を伸ばして立っている姿が切ない。この店は〝本当のインド料理〟を大事にするあまり、今のお客さんの好みに対応できなくなってしまったのかもしれない。

本当のインド料理とは何か？ は難しい。残念ながら、僕にはこの問いに対する答えを見つけられる気がしない。

夢のトイレマップ

メタ・バラッツ

私の祖父が初めて日本に来たのは、一九五八年のことであるらしい。私が生まれる遥か前、戦後間もない日本に降り立った彼は何を見て、何を思ったのであろうか。私が幼いころに他界した彼には直接話を聞くことはできなかったが、父や母を通していろんな逸話を聞いてはドキドキしたものである。

インド北西にあるグジャラート州の小さな田舎町から単身ドイツに渡り、物理学を研究してインドに戻ってきた祖父。インドで風邪薬を作り、製薬会社を営んでいたという。独立運動では、ガンジーの活動に賛同して牢獄に入ったことがあるそうだ。インドでは名誉ある「フリーダムファイター」の一人でもある。

日本へは、ある組織の世界会議が日本で初めて開かれるということで、インドを代表してやって来たらしい。当初、四日間の滞在予定が四年になったのだとか。不思議でもあるし、それが私がここにいる理由なのかもしれないと思ったりもする。

彼の逸話は本当に数知れず、どれもこ

れもおもしろい話ばかりである。

印象に残っている話がある。この話は私も実践しており、そしてインドに行ったときの大切なことの一つとして、皆さんにお伝えしよう。

彼は、レストランに入ると必ず一番良い料理を注文したらしい。そして、外出したときには付近の一番良いトイレを使用したらしい。ちなみに、東京に出掛けたときは、帝国ホテルのトイレを利用することが多かったそうだ。

日本では大抵のトイレが清潔に保たれているので、外出してもさほど苦にはならないが、インドで外出したときにトイレを探すのはひと苦労である。本来、公衆トイレを利用したときにはすっきりするはずが、不快感を得て出て来ねばならないのだ。やはりトイレは清潔で利用しやすいのが一番である。インドだからといって、そんなところで「インド体験」をする必要はない。せっかくのインド滞在を気持ち良く過ごすため、きれいなトイレを探す時間は有意義といえる。そのうち「インド、きれいなトイレマップ」ができたらおもしろいなぁと思ったりしている。

ぜひ、インドの旅の一つの醍醐味として、「インドなのにトイレがきれいツアー」など計画してみてはいかがだろう。

ハワイのようなインド

水野仁輔

牛が我がもの顔で街中を歩き回り、人間は死ねば犬に食われ、焼かれて川に流される。そんな、日本とは全く違う価値観にどっぷり身を置けば、人生とは何か、自己とは何かを考えざるを得ない。インドとはそういう重たい国なのだ。

インドに行く前、インドのイメージはざっとそんな感じだった。それまでに読んだ本の影響が強かったからだろう。「覚悟はできているのかい？」。どこからともなく聞こえてくる声が、大きなプレッシャーとなって背中にのしかかる。

初めてインドを訪れたとき、それらのイメージはガラッと変わった。

確かに牛は我がもの顔で歩いていた。でも、バイクに乗るおっちゃんは、自分の走る先に牛がいるとドケドケ～といった調子でバイクごとぶつかっていく。ぶつかられた牛の方は、しょうがねえなぁ、といった具合に道をあける。インド人の神聖視とはいったい何なんだ!?　僕は拍子抜けした。

確かにガンジス川のほとりで死体は燃えていた。聞いたこともないような音を立てて焼かれていく人間を目の当たりにしても、たいした感情は生まれてこなかった。遠藤周作の「深い河」[*097]で、美津子が大津に会ったのはきっとこの辺りだな。そのくらいのことだった。哀しむべきことだろうか。

いや、これでいいのだ、と僕は思う。インドに行くときは、「何かを感じたい」と気が急くのかもしれない。せっかく日本と真逆の価値観のある国に行くのだから、と。でもそれは、僕たちの偏見かもしれないじゃないか。身構える必要はない。ハワイに行くような気分でインドを旅すればいい。少なくとも、僕自身は常にそうでありたい。

来ない電車

メタ・バラッツ

ラージダニ・エクスプレス（RajDhani Express）。インドの二大都市、デリーとムンバイを結ぶ寝台列車の名前である。デリーのニザムディン駅からムンバイのチャトラパティ・シヴァージー・ターミナス駅まで、約一〇時間かけて走る。インドは広く、さまざまな列車が縦横無尽に走っているが、その中でも私が好きな列車の一つが、ラージダニ・エクスプレスである。もちろんムンバイ発もあるが、私のお気に入りは違う。日が沈んだころデリーを出発し、夜中にラジャスターンの砂漠地帯を通り、私の故郷グジャラートには夜明け前、そして夜明けの霧がかかって神秘的なムンバイの町を颯爽と走り抜ける「デリー発・ムンバイ行き」が好きなのである。列車から降り、埃と砂と疲れがたまった服を叩き、ポーターに荷物を預け、世界遺産でもあるチャトラパティ・シヴァージー・ターミナス駅を後にする。なかなかのものである。

今では飛行機を使ってもいいのだが、私はデリー、ムンバイ間を移動するならできるだけこの列車に乗るようにしている。人気の列車とあって、予約は随分前からしなくてはならない。しかも、インドの列車は予約しても予約完了ではない場合があるので厄介である……。予約がオーバーしている場合「waiting list」というものに入れられる。それは「もしキャンセルが出たら席を確保しますが、なければないですよ。でもとりあえずチケットは発行します」といったのものだから、列車の出発時刻よりだいぶ前に駅に行き、掲示板でリストを確認しなければならない。何とも厄介で面倒くさいシステムである。

列車の旅で、私が一番心に残っているのは二〇〇七年、デリーからムンバイに寝台列車で移動した暑い夏の日こと。

「あれは昨日の列車だよ」

インドで、列車のジョークとしてよく登場する文句である。珍しく時刻通りに列車が来たと思ったら、「それは昨日の列車が遅れてきただけだ」と教えられる

のである。「現実は小説より奇なり」とはよく言ったもので、私が二〇〇七年の暑い日に乗った列車は、なんと一週間遅れのものであった。

それはグジャラート州の仲間たち、総勢約二〇人でヒマラヤにトレッキングに行った帰りであった。五月半ばとあって、インドの最も暑い季節。デリーは海に面していないので、その暑さは尋常ではない。日中は、人や動物もなるべく動かないようにしているので空気が止まっているように見える。最高気温が摂氏五〇度近いため、当然といえば当然である。

話を戻すと二〇〇七年のそんな暑い夏の日。我々は涼しいヒマラヤから下山し、グジャラートに帰るべく、デリーのニザムディン駅へと向かった。駅に着き、まず目に入ったのは人、人、人の集団。駅の中はもちろん、外も人だらけ。タクシーが停まるロータリーにも横になった人たちがあふれているのである。何が何だか分からなかったので、周囲の人に話を聞いてみた。なんと、その人たちのほとんどが、列車が来るのをずっと待っているのだという。ちょうどインドは夏休みとあって、多くのファミリーも横たわっていた。

困惑と混沌のなか、我々もそれなりに覚悟をしたとき、吉報が舞い込んできた。

「もしかしたら列車が動きだすかも」

赤いターバンを巻いたポーターが教えてくれた。それならば、予約していた列車に乗れるかもしれないと急いで人ごみをかき分け、転がっている人たちを飛び越え、列車が来るであろうホームに向かった。荷物は先ほどのポーターとその仲間に数十ルピーを払い、運んでもらった。

ポーターが予言した通り、どこかくたびれた列車がゆっくりとホームに入ってきた。予定時刻よりも大幅に遅れていたが、間違いなく我々が予約した列車だ。

浮き足立ちながら予約したはずのコンパートメントまで行き、張り出されていた紙で一人一人の名前、苗字、性別、席番号を確認し、順々に乗り込んでいった。

インドで列車に乗ったことがある人であれば経験したこともあるかもしれないが、そのとき、予約した席にはすでに誰かが座っていた。よくあることなので事情を説明し、席を譲ってもらった……この場合、正式にどちらが譲ったことになるのかは考えないでおこう。とにかく、怒らずに説明することが大切である。「席が空いていたから座っていただけ」ということが多いのだから。

いくつものハードルを乗り越えて席を確保し、それぞれの荷物を盗まれないようチェーンで縛り付けたら、いざ出発である。インドの列車は到着するのは遅いが、出発はスピーディーである。ウェイティングリストの乗客も合わせ、二〇〇パーセント以上の乗車率であろう列車は、

「どのへんの線路が持って行きやすいかな」。まさかそんなことは考えていまい

ゆっくりとニザムディン駅を後に西へ進んでいく。

　三〇時間の暑い旅はそうして始まった。

　一週間も動いていなかった列車が動き出した。当初、快速列車だったはずが各駅停車に変わり、何日も待っていたであろう乗客を駅に到着するごとに乗せていった。もはや予約など関係なかった。

　デリーからムンバイへの道のりの多くは、砂漠に似た環境のラジャスターン州を通る。オープンエアの車内は人と獣でごった返した。日差しは暑いというより痛く、車内で売っている水は、もはやお湯であった。駅の蛇口からは干からびてしまったのか、飲み干してしまったのか、水さえも出てこなかった。乗客は個性豊かで、いろいろなものを担いでは車内に乗り込んできた。上も下も隣も前もあふれ返る人。人よりも大きい荷物や、ヤギにヒツジ。ラジャスターンやグジャラート州独特の派手なサリーに身を包んだ女性たちの歌声。待ち疲れた子供たち。安堵の表情を見せる大人たち。

　話し好きの人々は熱気に満ちた車内で終始語り合い、サモサ[*098]やチャイ、ナッツなどを分け合って食べていた。

　いつしか私も楽しくなり、いろんな話を聞かせてもらい、私もいろんなことを話した。

「誰かが線路を持って行ってしまったんだよ」

　列車が遅れた原因を誰かがそう言った。

　インドでは国が鉄道を運営しているため、国政に対して不満や怒りなどがあると一番身近な鉄道が被害に合いやすいらしい。線路を盗ってしまった原因は、話すと長くなるので省略するが、土産話が一つ増えたことに喜んだことは言うまでもない。

　倍以上の時間をかけて目的地に到着した我々は、どこか連帯感が増し、謎の達成感に満ちあふれていた。

「線路がないんじゃしょうがないよね」

　口々にそう言い合い、暑い列車の旅は幕を閉じた。

君のホテルを探そうか？

シャンカール・ノグチ

二〇年ほど前、「進め！電波少年」というテレビ番組があった。その中で、お笑いコンビの猿岩石がユーラシア大陸をヒッチハイクで横断するというタフな企画があり、横断中、二人はインドに立ち寄っていた。楽しそうに現地の人と接したり、金がない時は路上で寝たり、次の目的地への交通費やビザ代をバイトして稼いでいるところを見て、大したものだと感心した。私はというと、同じ年代で自営業の貿易商。インドへの出張費は、夕飯と酒代が少しあるくらい。自分で新規の取り引き先と連絡を取り合い、現地で農地や工場に出向いて商売になるか確かめ、契約を交わしていた。二〇代半ばはハングリーであるし、ハングリーでなくてはならなかった。簡単に商売を成功させるなんて夢のまた夢で、バブル崩壊後は金勘定がつきまとい、苦労したものだ。

とある出張でのこと。成田空港からインディアエアラインに搭乗し、デリーへの着陸が近付いてきたころ、斜め前に座っていた二、三歳年下の日本人の大学生らしき人物が話しかけてきた。「すみません、僕、デリーでまだ滞在するホテルが決まってなくて……一緒のホテルに泊まることはできますか」。不安そうだったので「いいですよ、僕は予約してるから」と応じると、「予算があまりないので同じ部屋でもいいですか」と尋ねられ、さすがに困ったが、「一緒に君のホテルを探そうか」と提案した。

デリーのホテルはピンキリで、最高級のＴＡＪ系列のホテルもあれば、バックパッカーが泊まる一泊二〇〇円くらいのホテルもある。「今回の旅はいかに安く泊まり、安く過ごすかなんですよ」と学生君が言う。「いいなぁ、そこが目的かぁ」と言ったものの、多少でもいいところに泊まって、うまいインド料理でも食って、友達にインドのすてきなところも教えてあげたらいいのに、とも思った。あの猿岩石も、せっかく貯めたビザ代を散財して贅沢していたじゃないか！

旅では、残しておかなければならないお金を散財するのがおもしろいのだ。旅だからこそ、普段よりちょっと贅沢に過ごして気分を開放する。露店で安い定食を食って腹を壊すのも思い出だが、そればかりではちょっと寂しい。少しお金を出して、オシャレして、いいレストランでタンドリーチキンを食べるのもいいものだ。どちらにしても、うまいものを探し当てた感動があると思う。インドでは、ぜひ現地の人に話しかけて、おすすめのレストランを訪れてほしい。安くてうまい店も現地の人に聞けば、たくさんある。せっかく飛行機に乗って行ったなら、高級ホテルの味も経験してほしい。昔も今も、私のこの考えは変わらない。

学生君の滞在ホテルは無事に見つかった。「うまい定食屋でも行こうか、おごるよ」とオールドデリーのスパイス街へ連れ出した。その後、学生君一人でも楽しめるよう、安くてうまい店情報を教えてあげた。

帰国後、学生君から手紙が届いた。手紙にはデリーに滞在した一週間のうち、私と一緒に行った定食屋へ五回も通ったと書いてあった。かわいい後輩だ。彼は今もインドへ行くことがあるのだろうか。今も学生たちは、デリーで猿岩石のようにさまよったりしているのだろうか。そんなことを時々空想したりするのである。

インド、恐怖の都市伝説

メタ・バラッツ

普段と変わらないムンバイの昼下がり。彼はいつものようにバイクに跨り、仕事場から彼の家まで昼ご飯を食べるために向かっていた。ムンバイ独特のあの暑さの中、腹を空かせた彼は家路へと急いだ。きっといつものようにチャパティとサブジ（脚注76参照）を食べようと思って……。

インドの都会は渋滞がひどい。ムンバイでは地下鉄を建設中だが、私が気付いたときから今も建設が続いているので、一〇年以上工事をしていることになる。渋滞がひどいとなると、車もバイクも頻繁に停車しなくてはならない。そして停車するたびにものを売りに来たり、窓を

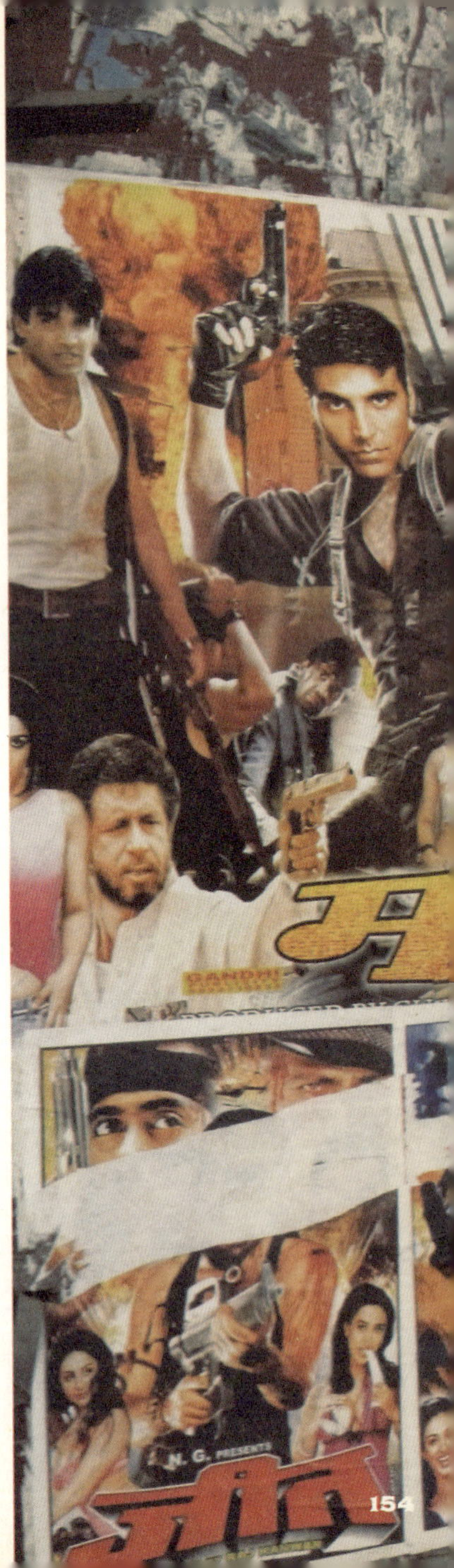

拭きに来たり、お金をもらいに来たりするのである。今では随分少なくなったが、それはインド都市部の日常的な風景である。

バイクの彼もそんな日常的なムンバイで家路に向かっていたとき、ある女性が小さい女の子を抱いて近づいてきた。幼い子を指さし、お金をくれと。小銭がなかったのと腹を空かせ急いでいた彼は、そんな女性の手を振り払ったのである。振り払われた彼女は怒りをあらわにし、叫び始めた。そしてなんと、バイクのハンドルを握っている彼の腕にかみついたのである。驚いた彼はバイクを急発進させ、その場から急いで逃げて行った。家に着いて腕を見ると、そこには歯型が付き、少し出血していた。

その後、彼はいつも通りに毎日を過ごした。かまれた傷もいつの間にか治っていた。しかし、かまれたことが気になっていた彼は数週間後、病院で診察を受けることにした。そして診断の結果、「エイズ」と宣告されたのである。

この話は、私が学生時代に友人から聞いた話である。当時はエイズに対して詳しくなかったため、私は震え上がった。そんな話がインドでは数知れないほどたくさんある。

こんな話も聞いたことがある。

「コルカタの映画館では気をつけろ」

ここ数年、日本でもインド映画が数多く上映されるようになってきたが、インドは世界でも有数の映画大国である。年間で制作する映画の本数は膨大で、人々の多くは映画鑑賞が一番の娯楽である。好きな映画は一〇回以上観に行く人が多く、気に入らない映画でも五回は見るというのだから驚きである。彼らが愛してやまないインド映画を上映する映画館は、毎日人でごった返している。喜び、驚き、哀しみ、楽しさといったさまざまな感情が映画館を渦巻き、人々にすてきな時間を提供しているのだ。そんな映画館で起きるという、不思議で恐ろしい出来事。しかも皆が皆、コルカタの映画館で起こるというのである。

それは映画を観終わって、感動に浸っている帰り道。ふと手をポケットに入れると映画館に入る前にはなかった紙切れが入っているのである。そしてそれにはこんなことが書いてあるらしい。

「Welcome to World of AIDS（エイズの世界へようこそ）」

どうやら映画館に入るときか出るときか、はたまた上映中に針を刺されるのだという。

この二つの話、特に「コルカタの映画館」は多くの人から聞いたことがある。多分、世にある「怖い話」の一種であろうが、それがコルカタの映画館ともなると何やら現実味を帯び、怖さを増し、話だけが一人歩きをするのであろう。

LORRY NUMBER
LORRY FREIGHT TO PAY
V.N.M.A.D FIRM

インド独立とインドの地名について

水野仁輔

ケーララ州アレッピー[*099]にあるアリスおばさんの宿に泊まったのは、いい思い出である。門構えからして立派で、広い中庭には立派なカレーリーフが育っていた。モダンなインテリアに囲まれて、ちょっとしたリゾートホテルのようなすてきな気分を満喫した。イギリス統治時代にイギリス人が建てた豪邸を買い取ったものだと聞いたから、朝は英国式ブレックファストでも出てくるのかと思いきや、紛れもないケーララ料理がずらりと並び、ほっとしたことを思い出す。

陸続きの土地では、食文化はきれいなグラデーションを形作る。これが僕の持論である。すなわち、本来、インドにインド料理があり、パキスタンにパキスタン料理があるのではない。西北インドとパキスタンは同じようなものを食べ、東インドとバングラデシュはベンガル料理でくることができ、北インド山間部ではチベットやネパールとよく似た料理に出くわす。国境とは歴史的に後から引かれた線であって、それ以前からインド亜大陸の食文化は、風味のグラデーションによって形成されていたのだ。

ところが、そのグラデーションを切り裂くように突然変異的に不思議な料理に出合うことがある。そこには他国からの侵略という暗い影が潜んでいる。ポンディチェリーで食べるオニオンスープやフレンチドーサにはフランスの影響を感じ、ゴアで食べるポークビンダルー[*100]にはポルトガルの影響を感じるのは、そのせいだ。当然、オールドデリー、ラクナウ、ハイデラバードなどでのムグライ料理[*101]には、ムスリムの影響が今も色濃く残っている。

かつて、インド全土を支配した唯一の勢力はイギリスだが、不思議なことに長い統治が続いたにも関わらず、今のインド料理にイギリス食文化の影響を見つけるのは難しい。一方、イギリスに行けばアングロインディアン料理やモダンインディアン料理など、インドにないインド料理に出合えるというのに。

そんなイギリスがインドに対して最も分かりやすい形で影響を与えたのは、街の名前である。ムンバイをボンベイと呼び、コルカタをカルカッタと呼んだ。コチはコーチン、チェンナイはマドラスと名付けた。〝イギリス流〟のネーミングはもうすっかり広まっている。

インドの独立運動については、ナイルをはじめ、シャンカールもバラッツも祖父がフリーダムファイターだったこともあって、どことなく身近な話でもある。だから僕は、インドの地名については今のインドに敬意を表し、イギリス統治前の名前をできるだけ使うようにしている。もう、インドはイギリスのものではないのだから。

ただ、正直いえば、トリヴァンドラム[*102]のことをティルヴァナンタプラムと呼ばなくてはならないのだけは、ちょっと長くて面倒だなとも思っている。

ラブレターとブラックＴＣ

メタ・バラッツ

「ＴＣ」とは「Transfer of Certificate」の略である。要は、学校から学校に移る際に必要な書類、成績表などである。転校手続きとでもいうのであろうか。私はインドの学校からスイスの学校に転校したので、その際にこのＴＣというものが必要であった。どこにでもある都市伝説のようなものかもしれないが、私の学校では常に「ブラックＴＣ」の噂がささやかれていた。

「ブラックＴＣ」とは、黒い転校届のこと。これをもらってしまうと、アジアのどこの学校にも転校できないのである。いわば、学生名簿のブラックリスト。転校したくてもどこの学校も受け入れてくれないのである。

数年前、日本でもニュースで流れた事件がある。ある有名なハリウッドの俳優が、インドの女優の頬に公の場でキスをして逮捕された事件である。その場にいた観衆は「その行為」に大いに憤り、暴動に近い騒ぎになったそうだ。連日インドでも大きなニュースとして取り上げられていた。そのニュースを見たほとんどの日本人は理解し難かったと思う。正直、私も「?」であった。「郷に入っては郷に従え」とはよく言われたものだが「挨拶」が「犯罪」になってしまったのだから、その俳優もさぞ困惑したであろう。そんなニュースがインドでも日本でも、はたまた世界各国で流れているのを見て、ふと私はインドで過ごした学生時代を思い出した。

私が過ごしたインドの学校は、のどかな、そしてとてもきれいな山の上にある全寮制の学校である。そこにはインド各地はもちろんのこと、世界中から学生が勉強をしにやってきた。そして共学であった。クラスは大体二〇人編成で、ちょうど半分に満たないくらいが女の子であった。

就寝時間や服装はもちろん、勉強は厳しく指導された。そして何より男女関係については、尋常ではなく厳しかった。あの子と付き合う、付き合わないといった浮いた話は特に許されず、異性に恋文を渡すなどもってのほかであった。青春、思春期真っ盛りの我々高校生にはどんな規則よりつらく、厳しいものであった。

私もそれほど詳しくないのだが、インドでは自由恋愛での結婚より、親や親族が決めた結婚の方が多いのだとか。私の周りの友人や同級生にも何人かインドでいう「Arranged Marriage」で結婚している人たちがいる。それは価値観の違いだったりするので個人の意見はさておき、おそらく私がいた学校ではそのような風習が重んじられ、異性とのかかわり方に厳しかったのではないかと思う。さまざまな価値観を持つ生徒が集まった「学校」という閉鎖された場の秩序を保つためなのかもしれない。

しかし「NO」と言われれば、余計にほしくなってしまう年ごろ。授業が終わり、夕食を食べ、寮に戻るとだいたい皆「あの女の子がどう、この女の子はどう」と話したものだ。そして勇気ある男たちは「告白」するのである。荷物検査にも厳しい学校である。手紙を書くのも命がけ。ノートの後ろのページをちぎり、何度も何度も書き直しながらつたない文章で思いをつづるのだ。そして思いを寄せている女の子の机にそっと手紙を入れる。よくある学園風景である。しかし、我々にとっては命がけである。

いつからか、まことしやかにささやかれるようになった「ブラックTC」。数々の生徒たちが転校や退学処分になると、皆の予測は大抵、色恋沙汰である。そして去っていった友を「あいつはすごい!!」と皆でたたえるのである。「色恋沙汰が見つかったら退学では済まされないよ。ブラックTCですよ」

日本とは全く違う風習や厳しさに戸惑い、びくびくしながら過ごした学生時代。私の中ではインドと日本の大きな違いの一つである。一〇年以上も前の話なので「今のインド」、特にムンバイやデリーといった都市部ではもう変わっているかもしれないが。
二、三年前、私と同じクラスだった女の子と男の子が結婚した。今では子供もいるらしい。微笑ましいことであると同時に、同級生一同で「あいつはすごい!!」とたたえたのは言うまでもない。

ガンジス川で祖父を思う

シャンカール・ノグチ

遺骨はガンジス川に散骨してほしいというのが祖父の遺言だった。その約束を果たすため、私が母と共にバラナシを訪れたのは一三歳のとき。一回でやり遂げることができなかったため、その一〇年後、二回目の散骨をしに一人で同じ場所に向かった。大切な人から重大なことを告げられ、それを実行する立場にいると、どのように対処すべきか迷うものだ。それを果たしたら、達成感が待ち受けていると思うだろう。だが、夕焼けで染まるガンジス川の中ほどまでボートを漕ぎ入れて散骨したあと、私は喪失感に襲われた。二三歳のまだ何者かも分からない私は、祖父との誓いを家族のためにやり遂げた。ミグラニ一族[*103]を継承していかなければならないという責任を、私は果たせたのだ。それは、母との協力なしでは不可能なことだったと思う。もしかしたら、遺言は家族の結束を深めるために祖父が我々に課したものだったのかもしれない。

東京スパイス番長がインド的にお答え！

INDIA Q&A Vol.3

Q11

カレー以外のものを食べたくなったらどうすればいいですか？

日本に帰国してから食べてください。〔水野〕

洋食店を探して食べてもおいしくなかったりするから、カレーでいいじゃない。〔ナイル〕

中華レストランに行ってはどうでしょう。中華スープを飲めば意外と落ち着きます。〔シャンカール〕

Q12

右手で食べる時、左手はどうしたらいいですか？

できるだけ力を抜いてテーブルから下にだらんとさせるか、肘をついておくと、現地のインド人と同化できます。〔水野〕

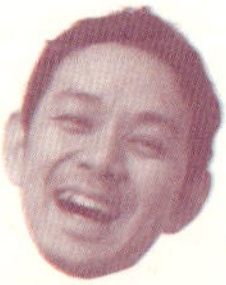

左手はなるべく使用しないようにして、左手で水を飲んだり、お皿を取ったりできるようにしておこう。汚れたときのため、ティッシュやウェットティッシュは必需品です。おしぼりはありませんよ。〔ナイル〕

Q13 毎日カレーですか？

毎日カレーです。〔水野〕

No Curry,No Life.〔ナイル〕

カレーというか、スパイスを使用した料理です。〔シャンカール〕

カレーとカリーとカレーです。〔バラッツ〕

Q14 お酒は飲めますか？

高級ホテルのプールサイドやBARで堂々と酔っぱらいましょう。〔水野〕

飲めますが、グジャラート州では飲めませんでした。しかし飲酒用免許を取得して酒屋で購入することができました。〔シャンカール〕

第四章

楽

インドで一番トレンディな髪型の僕

水野仁輔

インドの人は常に自信満々だ。しかも、「分からない」とか「できない」とは滅多に言わない。それが痛快だったりもするし、それがゆえに困らされることもある。そんなインド人が好きだ。

インドを訪れたら必ずいろんなサービスを試してみることにしている。靴を磨いてもらったり耳かきをしてもらったり……。ストリートフードを食べる以外に街中でインドを楽しめるキッカケはいくつもある。ただ、路上の歯磨きサービスだけはいまだにお願いしたことはない。

最も楽しかったのは、ムンバイの床屋である。海外で髪を切るのは僕の趣味の一つだから、インドでも当然、伸びてきた髪を切ってもらうことにした。椅子に座り、カットしてくれるおじさんに注文する言葉は決まっている。

「この国で今、最もイケてる髪型にしてください」

おじさんは、まかせとけ！　と得意げな顔でにやけた。この顔をインドで何度見たことだろう。「まかせとけ」は、大抵の場合、まかせてはおけない。でも、どんな髪型にされたって文句を言うつもりはない。

インドで最も流行っている髪型といえば、七三分けである。七三分けに口髭というスタイルがイカした男の身だしなみなのだ。覚悟はできていた。気がかりだったのは、僕の髪が天然パーマであることだ。果たしてきれいな七三分けになるのだろうか。心配をよそに、ものすごい手際の良さで僕の髪の毛は切られていく。ものの三〇分でカットは完了した。鏡に映った自分の姿に吹き出してしまった。なんとそこにいたのは、間抜けな顔をしたマッシュルームカットの男だったのだ。

そもそも僕の髪の毛は、マッシュルー

路上でひげ剃りサービス

ムカットができるほど伸びていない。くるりと巻いている髪を丹念に伸ばして無理やり額に広げ、真っ直ぐに切る。おじさんはなんとしてでもやり遂げたかったのだろう。彼の中でトレンディとはマッシュルームカットなのである。

僕はひきつった笑顔で最大限の感謝と賛辞を彼に浴びせた。すると気を良くした彼は、サービスで頭のマッサージをしてくれると言う。願ってもないことだ。期待はしていないけれど、快く受けることにした。おじさんは、棚の隅からアイロンのような不思議な機械を取り出してきた。電源をつなぎ、スイッチを入れると工事現場にいるかのような激しい音が鳴り響いた。

ほどなくして、僕の頭には体験したことのない振動が伝わってくる。ブイーン、ガタガタガタガタ……。アイロンの平面は頭の隅々を撫でていく。顔が揺れ、目に映る鏡の中の自分も揺れ動いている。

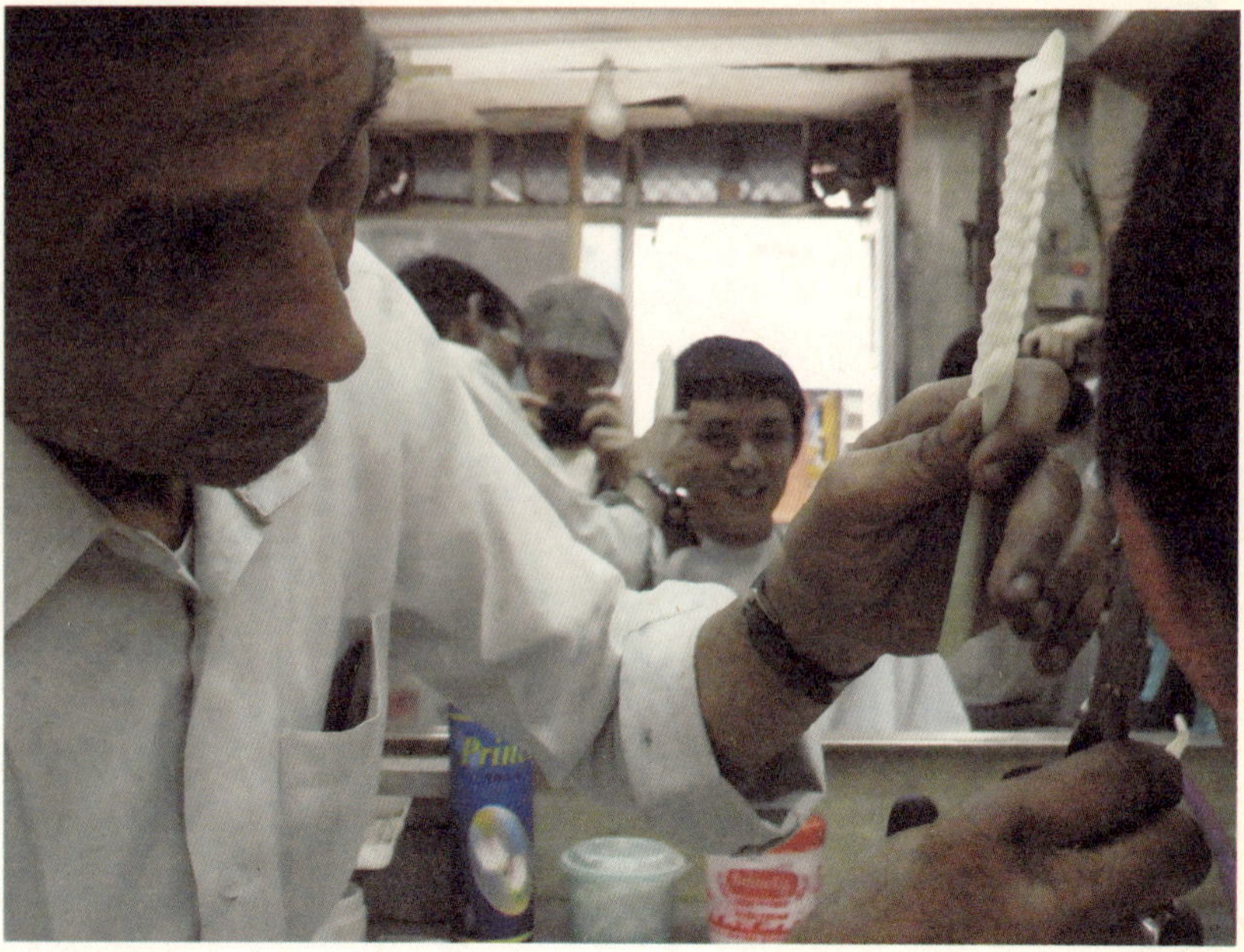

着々とマッシュルームになりつつある鏡の中の僕

口を開けたら歯がカクカクと小刻みに音を立てた。三分ほどでスペシャルマッサージは終了。ご満悦だったのは、僕ではなくおじさんの方だった。

どっと疲れた身を起こし、外へ出た。ぼんやりとしながら街中を歩いていると、若いインド人女性から声を掛けられた。

「すみません、一緒に写真を撮ってもらえませんか？」

煙に巻かれたような気分で一緒に写真を撮った。ケータイの画面を確認している女性の傍らで、もしかしたら……と、変な考えが頭をかすめる。今、俺は、インドでモテているんじゃないのか⁉ お礼を言ってうれしそうに去っていく彼女を見て確信を持った。この髪型こそがインドで最もトレンディなのだ！ きっとこの後、彼女は友達に自慢するのだろう。

「ねえ、見て、見て。ムンバイにポール・マッカートニーがいたわ！」

ムンバイ、スイーツ散歩

シャンカール・ノグチ

ムンバイの取引先で商談を終えたら、そこからがストリート探索の時間。知らないストリートを歩き、どこへ行くあてもなく、良さげな店へ入るのである。

交差点や駅前などでよく見掛けるのが、屋台式のチャイ屋。チャイはそんな具合に気軽に楽しむことができるが、ラッシーの場合は、ほとんど屋台は見掛けない。見掛けたとしても、ラッシーを飲むなら衛生上、きちんと店舗を構えた店にかぎる。ラッシーには大きく分けて二種類ある。ヨーグルトに砂糖を加えたスイートラッシーと、塩を加えたソルトラッシーだ。疲れた体には、スイートラッシーの甘みがじんわり染み渡るし、ソルトラッシーは、熱中症対策にうってつけ。小さな店だとこの二つのメニューだけで商売しているが、少し立派な店になると、スイーツがあったりする。

また、フルーツをミキサーで回しただけのジュースもうまい。こうしたジューススタンドは、店先にフルーツが美しく飾られているのですぐに見つけられるだろう。スイカ、パイナップル、リンゴ、スイートライム、マンゴーなど、飾られたフルーツから好みのものを選べば注文完了。スターフルーツやマンゴスチンといった、日本では見慣れないフルーツを体験するのもいい。私のお気に入りは、ザクロ。ビタミン、ミネラルが豊富なザクロジュースを飲んでリフレッシュするのだ。

リフレッシュした私は、さらに先へと進んだ。次に現れたのは、スイーツ屋。ここでは、「ファルーダ」なんていうメニューが食べられる。アイスや季節のフルーツ、スイートバジルシードからなる、インド版パフェだ。何よりこのスイーツ、いろんな食感が楽しい。そして、旬のフルーツのなかでもぜひ試してほしいのが、アルフォンソ・マンゴー。とにかく私は、アルフォンソ・マンゴーが大好きだ。旬を迎える四月から六月には、マンゴーを売る露店がストリートに集まってマンゴーストリート化する。なんてすてきな

バルフィの詰め合わせ

「僕のディスプレーセンス、どう?」。準備万端なジューススタンド

シーズンだろう。甘い香りに包まれたストリートは、私を幸せな気分にさせてくれる。売り買いしている人々の表情は絶えず笑顔で、活気にあふれている。

マンゴーストリートに未練を残しながらしばらく歩いていると、本格的なスイーツ街が現れた。この時点で、私はどこを歩いているのか分からなくなった。うっとりマンゴーのことを考えていたからか、路地に入り込んでしまったようだ。とりあえず、慌てず騒がず、スイーツのショーケースを眺めてみた。そこには、ドーナツのような生地をピンポン球のように丸め、シロップにじっとり浸した「グラムジャムーン」、牛乳と砂糖を煮詰めて固めた「バルフィ」など、インドの定番スイーツが並んでいた。生地にシロップが染み込んでいるグラムジャムーンは、壮絶な甘さだ。「控えめな」とか「上品な」といった奥ゆかしい甘さを想像していると、木っ端みじんに打ち砕かれる。バルフィは、ヒヨコ豆やカシューナッツ、カボチャ、サツマイモ、ニンジンなどバリエーションがあり、甘みの中にスパイスの香りが感じられるインドらしい品。近頃は西洋のケーキを売る店も増えてきたようだが、出来はこれからといったところだ。

飲み物とスイーツを堪能し、そして道に迷った揚げ句の帰り道。バルフィの詰め合わせを手に私は「ホテルの部屋でマサラチャイと一緒に食べようか」「それともアルフォンソ・マンゴーと一緒に食べようか」、そんなことを考えながらオートリクシャーに揺られていた。ガイドブックで下調べして目当ての場所に行くのもいいが、勘を頼りにストリートを徘徊する気ままな時間の過ごし方もいいものだ。

静かなる買い物合戦

ナイル善己

コルカタのホテル、オベロイ・グランド[*104]の近くには、買い物におすすめのバザール「ニュー・マーケット」がある。古びた建物はイギリス植民地時代に建設されたのか、とても雰囲気のある佇まいを見せ、連日たくさんの人が訪れる。中へ足を一歩踏み入れると、その薄暗くジメッとした空気に、僕は何となく不安を覚えた。戸惑っていると突然インド人に声をかけられた。「パシュミナー[*105]、シルバー、ティーシャーツ！」と大きな声で僕にまくしたてる。そう、これらの商品を買える良い店を俺は知っているから付いて来いというわけだ。建物へ入った時から違和感のある僕は、当然その怪しげなインド人に付いて行くことはなかった。あまりにもうさんくさいし、何より押しつけがましいのが嫌だ。インドではこうした客引きにうんざりすることが多々ある。無視して歩いていると「パシュミナー」と言いながら後ろをずっと付いてくる。そんな掛け声に惑わされず、僕は雰囲気の良い店を見つけて入った。するとそのインド人は店の中までは入って来ない。それもそうだよな、他人の店なわけだし。こうやって客引きを振り切った僕は、勝負に勝ったと安堵した。こうして二人の戦いは誰に知られることもなく終了したのだった。

ニューマーケットの中に一歩足を踏み入れたら、戦いは始まる

第一印象で入った店で、ハズレを引い

たことはほとんどない。ひとしきりストールやスカーフなどを物色しては、あだこうだと会話が弾む。ときには貧乏なふりをしたり、学生のふりをしたり、からかいながら値切ってみるが、途中でバレて嫌な顔をされたり、または大笑いしたりと、とにかく買い物をとことん楽しむのだ。三〇分以上にも及ぶ値切り交渉の末、満足な値段でパシュミナのストールを手に入れた。袋に詰めてもらい「ありがとう」と言って店を出た。するとどうだろう、さっき呼び込みをしてきた彼がまだ待っているではないか。三〇分以上そこで待っていたことになる。僕はちょっとあきれてしまった。彼は、手にたくさんのお土産を抱えている僕を目にしてこう言った。

「さあ、次は俺の店に行こう。ここより安くするよ！」

商売熱心な君には負けたよ。僕らの戦いは一勝一敗、まだまだ続くのであった。

建物の外でもさまざまな物売りが目を引く

日本に住んでいたことがあるというピースサインの彼は、
完璧な大阪弁で値引き交渉に応じてくれた

すてきなチャイ屋の選び方

メタ・バラッツ

チャイをいつどこで飲むか、ということは私にとって大変大きな問題である。

簡単にいうと、チャイとはスパイス入りミルクティーのこと。牛乳と水、それぞれ半々くらいの量を入れた鍋に茶葉（大抵アッサムのＣＴＣ製法[*106]）、スパイス、たくさんの砂糖を入れたものを沸騰させ、こして飲むものである。

チャイが好きな私は、インド滞在中となると毎日欠かさず飲む。それは一杯とは限らず、多いときは六~七杯飲むときもある。あの甘くて熱いチャイは疲れを程よく癒やしてくれ、まったりとした時間を届けてくれるのだ。インドの南の方に行くと、チャイのほかにコーヒーがある。これもまたとても甘いのである。

列車の中はもちろん、街角、駅の中、広場、公園と、インドではそこかしこでチャイを売っている。インドの人にとってのチャイ屋は、息抜きでもあり大事なコミュニケーションの場でもある。ちなみに多くのオフィスにもチャイ売りがいる。ほしいときに頼めば、すぐに熱いチャイを入れて持って来てくれるのだ。街のチャイ屋はだいたいどこもおいしいが、そのなかでもよりおいしいチャイ屋を選ぶことが、私にとって大事なことである。知っている街ならば、評判や噂を聞きつけ、そこにチャイを飲みに行けばまず間違いはないが、問題は旅先で全く知らない場所に行ったときである。せっかくの旅で、おいしくないチャイに出合いたくはない。

一つ目のポイントは、きれいか汚いかに限らず、売っている人の表情だ。あまりニコニコしすぎず、淡々とチャイを入れていること。ニコニコして愛想を振りまいているチャイ屋はあまり信用ならない。

二つ目のポイントは、少し身なりが整った人たちがお客としていること。大抵インドの人は皆、自分の好きなチャイ屋で毎日飲む。観光客ではなく近所で毎日働いている人が、その貴重な息抜きにチャイを飲みに来る。その客をチェック

空気を入れることによってさらにおいしく。暑い中、熱いチャイの湯気と香りが私をいつも誘う

することが大事である。

三つ目のポイントは、だまさないチャイ屋であること。インドは地域によって言語が違うため、その一杯のチャイがいくらなのかよく分からないときがある。一〇ルピー払って、おつりがちゃんと返ってくれば大丈夫だと思っていい。

せっかくのインド旅、ぜひおいしいチャイに出合ってほしい。そしてもし可能なら、場所ごとにある名物チャイ屋に足を運び、その至福の一杯を楽しんでもらえたら幸いである。私が今までに飲んで印象に残っているチャイは、コルカタのサフランチャイ、スーラットのミントチャイ、私の友人が入れてくれたミント&レモングラスのチャイである。

インドに行ったらぜひ、チャイタイムを楽しんでもらいたい。

お前の給料はいくらだ？

ナイル善己

僕はインド料理修業のため、ゴア州にある「Cida de GOA（シダ・デ・ゴア）」という高級ホテルの厨房で働いていたことがある。とても大きなホテルで、厨房だけでも一〇〇人以上のスタッフがいる。

そんなトップクラスのホテルで働けたことは僕にとって最高の思い出だ。インド人シェフたちに囲まれ、戸惑いながらも懸命に働いて得た知識は僕の財産になっている。エグゼクティブシェフなど上部のシェフは英語が話せるけれど、そうではないスタッフとの会話はだいぶ苦労した。「お皿一枚持って来て」が通じなくて厨房をウロウロ。ほとんどの人がヒンディー語なので、コミュニケーションは特に神経を使った。とはいえ、料理用語くらいならヒンディー語が分かるまでになった。

五つ星クラスのホテルとあって、インド料理のほか、洋食や中華、スイーツのセクションがある。だけど僕は特別にインド料理だけを担当させてもらった。本場だけにインド料理の種類は豊富。北インド、南インド、グジャラート、タンドール料理と、地域やジャンルで四つのセクションに分類され、南インド料理セクションは、ブレックファストも兼任していた。僕はその四つのセクション全てで働かせてもらったのである。

とにかく作る量が大量とあって、ナンの生地をこねるだけでも大仕事。両手のコブシを生地に押し当てるようにし、ぐりぐりとこねる作業には参った。こんなことを毎日するのかと思うと、正直うんざりした。それとは逆に、タンドール料理はとてもおもしろくて毎日がドキドキの連続だった。先輩シェフが目の前でロマリロティーを作ってくれたときは大興奮。ロマリロティーといわれる薄いハンカチ状のパンは、生地を回転させながら空中に広げて伸ばしていく。シェフがその生地を投げ合いながら伸ばしている様子は、まるでフリスビーで遊んでいるよう。この人たち、ふざけながらやっているけれど、これってものすごく高度な技術なんじゃないか？　シェフをちょっと尊敬した一瞬でもあった。また、チキンや魚などをタンドールの炭火で焼く調理方がある。ある日、マリネした魚を串に刺してタンドールで焼いていたときのこと。とにかく僕は窯の中の状態が気になり、何度も蓋を開けては焼き具合を確認していた。そんなふうに、何度も動かしたせいだろう。ついに串から魚がするりと抜け、窯の奥底へ落ちてしまったのだ。慌てて先輩シェフに報告すると、彼は笑った。だが、目は笑っていなかった。

　タンドールセクションに慣れてきたころ、先輩シェフに「お前の給料はいくらだ？」と突然聞かれたことがある。修業で来ていたのだからもちろん「もらっていませんよ」と答えると、「タダ働きするなんて理解できないよ」とでも言いたげに首を横に振った。もしかしたら、僕のことを出稼ぎのネパール人とでも思っていたのかもしれない。

おいしい料理は美しい

水野仁輔

「うぉぉ、レインボー」。声にならない声で僕はささやいた。目の前には、小さめのトレイに盛られたチャトニ[107]がずらりと並んでいる。

「お好みのものをどうぞ」

　ウェイトレスがそう言うと、僕は、緑色のミントチャトニを指さした。

「それから、ココナッツチャトニとジンジャーチャトニ……」

　結局、七種全てのチャトニを盛り付けてもらう。ココナッツチャトニは白くて、ジンジャーチャトニは黄色かった。マンゴーチャトニはアメ色で、トマトチャトニは当たり前だけど、赤かった。

　チェンナイにあるファイブスターホテルのＴＡＪコロモンデル[108]内にあるレストラン、サザンスパイスで、僕は、ハイグレードなインド料理の洗礼を浴びていた。メニュー構成もすごい。南インド四州[*109]の各州ごとにレシピをそろえ、メニューブックはスターターもメインも全て四つのカテゴリーに分類されている。聞けば、各州ごとに専門のシェフを雇っているという。

インド料理には三通りある、と僕は思っている。一つ目は、家庭料理。母親が家族のためを思って作る料理には、素材の味わいを引き立たせた優しいスパイス使いが感じられる。二つ目は、ストリートフードを含む町場の安食堂の料理。シェフがシェフとしての素養を身に着けていないアマチュアな料理もあるけれど、限られたメニューを専門的に作り続けているからうまい。たとえば、揚げ物ひとつ取っても、信じられないようなテクニックを披露してくれたりする。三つ目が、高級ホテルのレストランに代表される上質なインド料理である。圧倒的な素材の良さと管理状態と、専門的なテクニックをもって、目にも舌にも美しい料理が楽しめる。

グジャラートにあるファイブスターホテルのレストランでフルコースのプレゼンテーションを堪能したことがある。グジャラートらしい乳製品をふんだんに使用した料理の数々をメインシェフの説明を受けながら食べた。そのとき僕は、ダヒとパニール[*110]の風味の違いに気が付いた。ダヒはすっきりした味わい、パニールは風味豊かで濃厚な味わいがしたのだ。

「同じ乳製品なのにずいぶん味わいの印象が違いますね」

シェフは、よくぞ聞いてくれたね、といった調子で得意気に話してくれた。

「実はね、原材料に使っているミルクの種類が違うんだ。ダヒには牛のミルク、パニールにはバッファローのミルクを使ってるんだよ」

それぞれに最適な原材料があるから使い分けている。それが彼の主張だった。あんな体験をしてしまったら、高級ホテルの味をひいき目に見ないわけにはいかない。だって家庭料理であれ、町場の料理であれ、仕上がりの味わいをイメージしながら原料となるミルクの種類を使い分けている料理を僕は食べたことがない。

レインボーチャトニだって、そうだ。メインの素材ごとに味わいの違うチャトニを作るのは、インド料理を作る者だったら誰だってお手のもの。でも、それぞれに個性的な色合いをきれいに出し、洗練された味わいに仕上げたチャトニをプレゼンテーションする技術は、誰にでもあるものではない。おいしい料理は美しい。腕利きシェフの実力を垣間見ることのできる料理を、僕はいつも楽しみにしている。

あなたにとってのクリケット

メタ・バラッツ

日本の国技が相撲ならば、インドの国技は「カバディ」である。

実のところ、私も「カバディ」はよく分からない。とにかく二チームに分かれ、テニスコートのような枠の中で、半裸の男たちが口々に「カバディ!カバディ!カバディ!」と早口に、息つく暇もなくお互いに攻め寄っていく。そして「カバディ!」と言い続けられなくなったら負けだそうだ……。これは私的カバディの解釈なので、インドに行った際にはぜひ経験してほしい。〝百聞は一カバディにしかず〟である。

私は学生時代、約四年も南インドで過ごしたのだが、一回もカバディをやることなく、そして見ることもなく終わってしまった。今では腹も出てしまったので、半裸でカバディカバディと叫ぶのはなかなか抵抗がある。

カバディの話はさておき、インドには子供からおじいさんまで男たちを魅了し続けるスポーツがある。それが「クリケット」だ。クリケットは野球の前身とも言われ、インドがイギリスの植民地だった時代に、イギリスから伝わったスポーツである。

とにかく、インド人はクリケットが好きである。公園はもちろん、道路で廊下で教室でと、隙あらばところ構わずクリケットを始めてしまう。一度、公衆トイレでクリケットをやっている少年たちに出くわしたときには「ここまできたか」と思ったものだ。

クリケットはただ漠然と見ているだけではよく分からないし、とにかく一試合が長い。テストマッチともなれば、なんと五日間も試合をしているのだ。試合にはもちろん休憩時間があり、それをティーブレークという。もちろん選手全員ベンチに戻り、ティーブレーク。すなわち紅茶をするのである。何とも高貴でイギリスらしい。インドの選手たちにはぜひチャイを飲んでもらいたいと思うのは、私だけであろうか。日本人目線から見たクリケットのおもしろ話は数知れない。ルールが分からなければ、これほど見ていて楽しくないスポーツはないかもしれない。

　中学生の時、知り合いの結婚式に呼ばれ、家族でインドを訪れた。何よりも衝撃だったのが、式が催されているにも関わらず、男性陣は隣の部屋でクリケットの中継に夢中だったことである。これほどまでにインド人を夢中にするクリケット。私もインドでの学生時代、五分でも一〇分でも休み時間ともなればノートをちぎってボールのように丸め、ノートや教科書をバット代わりにして即席クリケットに興じた。教室や廊下でやっては先生にこっぴどく怒られたものだ。

　インドに行ったらぜひ体験してもらいたいものトップスリーに入るクリケット。休日には、あちこちでクリケットをやっている。そこに混ぜてもらって経験すれば、きっとあなたもクリケットのとりこになるに違いない。しかもクリケット観戦を楽しめるようになると、インドの旅路が二倍、三倍おもしろくなるという特典付きだ。

「話が尽きたらクリケットの話をしろ。何時間でも話は尽きなくなるのだから」

　何しろ話すのが大好きなインド人のあいだでは、そんなことがよく言われる。インドでテレビをつけると、クリケットをやっているチャンネルがある。もし近くにインド人がいれば、ルールや選手のことなどを聞いてほしい。きっと情熱的に優しく、分かりにくく説明してくれるだろう。そしてあなたとインドの距離はぐっと縮まる。

「クリケットはスポーツじゃなくて宗教なのさ」

　列車で隣り合わせになった男が興奮して唾を吐き散らしながら私に言った。何せ、クリケットのワールドカップでインドが決勝戦に駒を進めたとき、インド中の学校は休みになったのだから。

　もし多くの日本人がクリケットのおもしろさに触れ、クリケットをやり始めたのなら日印外交の問題の約半分は解決するのではないか。

　あなたにとってのクリケット。ぜひインドで見つけてみてはいかがだろう。

ノービーフ、ノーライフ？

ナイル善己

インドでは、牛は神聖な動物とされている。牛は、シヴァ神[*111]の乗り物だから。その牛の名前は、ナンディン。

そこで、よく街中で見かける牛に注目してみた。群れをなす牛もいれば、一匹狼のごとく単独で行動する牛もいる。大きな角が生えた牛なんかが目の前に現れると、ちょっとたじろいでしまう。もちろん人間を襲うことはまずないだろう。ほとんどが野良牛のようでいて、実は飼い主が存在するのだ。放牧ならぬ放街だ。

牛は神の使いなので、ヒンズー教徒の教えでは食べてはならないことになっている。だから信仰心の強いヒンズー教徒、特に北インドでは牛の肉を絶対に口にしない。無論、牛肉からとるだしも同様である。しかし、牛乳は飲むのだ。「なんで？」と不思議に思うだろう。しかし、この答えは簡単だ。牛をさばいて食用にしてはいけないというのが、ヒンズーの教え。すなわち、殺生をしていないのであれば、口にできるというわけだ。牛乳は、古くから豊富なタンパク源を補給するために飲まれている。ちなみに、水牛は体の色が黒く、ホルスタインにくらべると邪悪な存在とされ敬遠されているが、水牛の乳は脂肪分が高いため食用として重宝されている。

バスターミナルの木陰で休む牛

これがだんだん南に下って行くと、おもしろい現象が見られる。多くの街が海

牛舎で水牛の世話をする青年。毛繕いのあと、慣れた手つきで乳搾りをしていた

に面している南インドでは、魚を食べる習慣が根付いている。この食文化によってインドのほかの地域にくらべ、極端にベジタリアン人口が少ないのだ。さらにゴア州のようにポルトガルの植民地だった地域は、その影響から豚肉が多く食べられている。さらに、信仰の戒律がちょっと甘い南部の、特に田舎へ行くと、ごく普通に牛肉を口にしている。ただし、分厚いヒレ肉をレアで焼いて、なんて感覚はない。日本のように霜降りのやわらかい牛肉は、もちろんない。僕はレストランでの修業時代、インド料理に飽きると、ゴアの中心地にあるハンバーガー屋で、ステーキもどきの料理を食べていた。肉質はとてもかたいので、好き嫌いが分かれるかもしれない。

実は、ネズミも神の使いだったりするのだが、ご存じだろうか。ネズミはガネーシャ[*112]の乗り物とされている。いやはや、ネズミに乗る象とは……。

安らぎのゴールデン・テンプル

シャンカール・ノグチ

パンジャーブ州にあるアムリトサルには、ランドマーク的な存在のゴールデン・テンプル（黄金寺院）がある。シーク教の総本山、ハリマンディル・サーヒブだ。ここには、世界中のシーク教徒が巡礼にやって来る。また、インド人に愛されている観光地でもある。

ゴールデン・テンプルに来たら、まずクロークタワーで靴と靴下を脱いで預け、異教徒であれば、入り口で貸してくれる布で男性も女性も頭を覆い隠す。シーク教徒の男性がターバンを巻いているように。屈強な体格を持つシーク教の男たちはターバン姿が格好いいのだが、彼らにくらべ小柄で何となく布を巻いているだけの我々は、並ぶと貧相に見えてしまうのが哀しいところだ。

さて、クロークタワーの塔をくぐるとすぐに、周りを広大なプールで囲まれた黄金の建物が目に入る。それがハリマンディル・サーヒブだ。その建物の屋上にどうしても上りたくて、右側の通路から行ってみた。場内はハルワ[*113]を手に持っている人や食べている人などであふれ返っていた。皆がお祈りのため、中央にある黄金寺院を目指して行列をつくっている。この大行列の人たちに、食事を提供する共同食堂があるのも忘れてはいけない。食材も人材も全てボランティアで成り立っているそうで、今では一日一〇万食も作り、無料で提供しているという。それが約五〇〇年続いているというから、驚きである。

屋上へ行くには、四列に並んだ大行列の右端をスイッと通れるようになっていた。屋上へと続く階段を、バラッツと上っていく。屋上にはそれほど人がいなかった。階下と違ってゆったりとした時間が流れ、素晴らしい空間だった。二月のインドの気持ちいい日光を浴びながら座ったり、寝転んだり。同じように気ままに過ごしていた周りの人たちと自己紹介しあったり、他愛もない穏やかな会話をしたり。

一時間ほど屋上で過ごしただろうか。

寺院の屋上から階段を下りると礼拝者たちが休憩していた

クルチャ、ガルバンゾカレー、大根のアチャールをワンプレートにした屋台の朝食

靴を預け布で頭を多い、ゴールデン・テンプルに入る準備万端なバラッツと私

私はシーク教徒ではないが、なんだか幸せな時間だった。その後、ちょっと遅い朝食を食べに寺院を出た。

アムリトサルの朝食といえばクルチャ[*114]が定番。このときは、丸いナンでジャガイモのカレーを挟んでタンドールで焼いたパンを食べた。ガルバンゾ（ひよこ豆）のカレーと大根のアチャールを一緒に食べるとさらにうまい。食堂のほか、屋台にタンドールを設置して販売していたり、同じようなメニューがあちこちで食べられる。食後、大通りに面したチャイ屋で一杯飲んでいると、水野と善己が道を横断しているのを見つけた。市場やクッキングスクール、レストランを忙しなく訪れる我々の旅にしては、珍しく優雅な朝の観光タイムであった。

ヤギの頭はボーボーと焼かれていた

水野仁輔

少年の右手には、ガスバーナーが握られていた。電池式のバーナーからは、青白い炎が勢いよく噴出している。少し埃っぽいその空間は、地面も背面も灰色のコンクリート一色だから、炎の青さが際立って見える。僕は、少年の目の前で行われている光景にくぎ付けになっていた。だって、炎の先には、切り落とされたヤギの頭がボーボーと燃えていたのだから。

僕たち東京スパイス番長のメンバーは、ムンバイにあるＩＮＡマーケット*115にリサーチに出掛けていた。インドのマトンはヒツジの肉なのかヤギの肉なのか。それを見極めたいと思ったのである。鼻の効くシャンカールがずんずん奥へと進んでいくと、市場の生肉エリア特有のプンとした臭いが次第に強くなっていく。と同時に、空気が少し変わった気がした。

インドの市場では、肉屋に近づくと大抵、野菜売り場やスパイス売り場に比べ、どことなくピンと張り詰めたような緊張感が漂ってくる。まもなく、鶏肉を売るエリアにたどり着いた。市場のおじさんたちは僕たちを見ると、元気のいい雄鶏を肩や頭に持ち上げておどけて見せる。大げさに驚いたりしながらその場を通り抜けると、奥に、求めていたマトン売り場が待っていた。

マトン専門店を一軒ずつ片っ端から訪ねて行き、売られている肉がヒツジのものかヤギのものかを取材する。結果、一〇軒ほどある店の中で、ヒツジの肉を扱っている店は、たったの一軒だった。インドのマトンは、ヤギの肉が一般的である。結論は出た。

マーケットは、レストランの仕入れ先であり、かつ庶民の台所でもある。だから、僕はインドで初めて行く街では必ずマーケットを訪れることにしている。こんなエキサイティングな場所はない。

夜遅くなって訪れたコーチンのマーケットでは、暗がりにろうそくを灯してもらい、魚を選んだ。鶏肉を一羽買ったら目の前で首を絞め、さばいてくれた。

昼間にスパイスマーケットを訪れて、ガラムマサラ[*116]作りをずっと眺めていたこともある。デリーのマーケットでは、乾燥した玉ねぎの皮掃除を手伝った。疲れたらチャイ屋でひと息。そして、またあちこち歩き回る。あっという間に半日は過ぎてしまい、なぜか清々しいほどの達成感が旅の思い出として残るのだ。飾り気のないインドの日常がそこにあるからなのだろう。

ヤギの頭を淡々と焼く少年の右手には、あのとき確かにガスバーナーが握られていた。一方で彼の左手に握られているものも僕は見逃さなかった。ケータイ電話だった。電話の向こうにいるのは友だちだろうか。楽しそうに談笑している。彼にとってヤギの頭を焼く行為は、片手間でできるアルバイトなのかもしれない。

ケータイでしゃべりながら魚を切るおじさん

市場で働く少年。ヤギの頭を焼く

早朝、まだ日が昇る前から路上マーケットの営業は始まる

野菜を運ぶトラックには、見たこともない量の荷物が山と積まれていく

市場の玉ねぎ専門店。ここでニンニクも売っている

ピースフル・ゴア

ナイル善己

インドの主要都市を日本の都道府県に例えて話すことがある。デリーは首都であり、政治の拠点だから東京のような存在。ムンバイは横浜。海が近く貿易も盛んだし、大都市の一つとしての存在感がある。コルカタはどうだろう。大阪に近いような気がする。活気があり、商売熱心な商人が多く集まる街なのだ。ただ唯一、ゴアという街だけが他とはどこか違う雰囲気がある。ヤシの木がうっそうと茂る道、潮風に誘われて浜辺で休む人たち。人々は穏やかで親しみやすく、しいて言えば、沖縄に近い存在かもしれない。

そんなゴアは、インドであってインドでないと、誰もが口をそろえる。イギリスがインドを植民地化したが、ゴアだけ唯一ポルトガルの占領下にあった。その真意は定かではないが、豊かな自然と穏やかな人々が共存するゴアという美しい街を、ポルトガル軍は手に入れたかったのだろうと僕は思う。時間が止まっているようなのんびりとした街だが、実は貿易が盛んに行われている。エビや鉄鉱石などが日本に輸出されているのだ。リゾート地としても有名で、多くの外国人がここを訪れ、のんびりと休暇を過ごす。白人たちのステータス的な街でもあるのだ。物価は安く、なんと言ってもインドでは肩身の狭い思いをするお酒も、ここゴアでは酒税が低く手に入れやすい。観光客はもちろん、現地の人たちも気軽にお酒を楽しんでいる。

ポルトガルの影響を受けているため、住民の半分はクリスチャンだ。街には立派な教会があり、観光としても楽しめる。ただ一つ欠点といえば、ランチタイムが終わると街が一斉に静まり返ること。そう、現地人たちのお昼寝タイムに突入するのである。買い物に出かけても、どこも営業していない。そんなときは、暑さしのぎに涼しくなるまで海辺でくつろぐのが良いだろう。この街では、急かしても何も変わらない。「明日行くね」と言って約束した友人のうち、半分はやって来ない。そんな街なのである。

真夜中のサフランチャイ

メタ・バラッツ

素焼きで作った陶器に温かいチャイを注ぎ、そこに数本のサフランを散らし、ひとかきする。すると、想像もしなかった味のチャイがそこに現れた。

私がこの「サフランチャイ」と出合ったのは、二〇一三年の春、場所はコルカタである。コルカタに住む友人がどうしても飲ませたいチャイがあると言い、連れて行ってくれた店である。

チャイに使うスパイスは一般的に、シナモンやカルダモン*117それにクローブ*118やジンジャーといったものがあるが、地域や家庭、時間や時期によって入れる種類は異なったりする。

コルカタには三日間滞在したが、二夜連続でこの「真夜中のサフランチャイ」を飲みに街へ繰り出した。真夜中のコルカタで、青々と光るネオンの元に若者が群がっている。店の名前は「ラッセル・パンジャビ・ダバ（Russel Punjabi Dhaba）」。聞けば六〇年の歴史があるのだという。夜中も一二時を回ったというのにかなりの人出であった。淡いブルーのシャツを着た店員たちはきびきびと動き、カメラを向けると笑顔で答えてくれた。従業員の顔つきには老舗の風格と誇りが漂っていた。そして何よりラッセル・パンジャビ・ダバに重厚感を与えていたのは、店先に座っている老人である。いかにもパンジャーブ州の出身者らしく

サフランチャイが有名なダバ

これがサフランチャイ

ターバンを巻き、立派な白ひげを蓄えていた。客がチャイを注文すると、出来たて熱々のチャイは彼のところに運ばれる。老人は小さな袋を取り出し、中から数本のサフランを取り出してぱらぱらと一カップずつ振りかけていくのである。サフランがチャイに振りかかると、真っ赤なサフランの周りがほのかに黄色く染まり、チャイの甘い香りにそこはかとなく気品が加わった。老人は真夜中の青いネオンの下、輝きを増した魔法使いにしか見えなかった。チャイをおいしくする魔法使いである。

以前、サフランティーは何度か飲んだことがあったが、サフランチャイは初めての経験であった。味はとても上品で、砂糖の甘みとサフランの香りと甘みが絡み合い、何とも言い難い芳香を放っていた。

この店ではサフランチャイのほかにも、サフランラッシーや軽食もあった。店名

60 年続くサフランチャイの店の店主。最後に魔法のようにサフランをぱらり

にある「ダバ」とは、高速道路などにあるサービスエリアや軽く立ち寄れる軽食ポイントのことである。深夜遅くまで営業しているラッセル・ダバには車を横付けし、窓から注文する人も多く、ほとんどの人がほかでは味わえない「サフランチャイ」を片手に至福のひと時を満喫しているようだった。我々がこのダバを訪れたのが二月だったため、サフランチャイが人気だったが、もっと暑くなる四月から五月になると、サフランラッシーが人気だそうだ。

もしコルカタを訪れることがあったら、ぜひ夜更かしして真夜中のサフランチャイを味わってほしい。場所は連れて行ってもらったのであまり覚えていないが、六〇年も続く老舗である。きっとみんな知っているに違いない。

チャイにサフランをパラリ。病み付きになりそうだ。

手食かスプーンか、それが問題だ

水野仁輔

インド人は右手でご飯を食べる。左手は不浄の手とされているから食事には使わない。よく言われていることだ。だから、毎年インドを訪れていると言うと、ほとんどの人にこう聞かれる。

「やっぱり、あれですか？　インドに行ったら手で食べるんですか？」

あれですか、とはなんだ。

「食べますよ」

次の質問は、必ずこうくる。

「手で食べるとおいしいですか？」

そこで僕は答えに窮する。おいしいような気もするし、そうでもないような気もするからだ。そもそも、インドで僕はいつも手で食べるわけではない。誰もが手で食べているような食堂では、同じように手で食べることもあるが、スプーンやフォークが出てくるような店ではそれらを使う。高級ホテルのレストランなどでは、手で食べている人など一人もいない。

手で食べるかどうかはケースバイケース。というのが僕の正しい答えとなる。なんとも煮え切らない答えではあるけれど……。じゃあ、手で食べたらうまいのか？　という疑問についてはどうだろう。きっと、人によって違うだろう。僕の場合は、やっぱりあれである。正直言って、手で食べるよりスプーンで食べた方がうまいと思う。これは食習慣によるところが大きいのではないかと思っている。

インド人が昔から手食する理由は、詳しくは知らない。ただ、右手の指先が直接料理に触れるということは、その料理の感触を口に運ぶ前までに感じることができるから新鮮だし、味わいも変わってくる。指で触れるということは、熱々ではなく、ほどよく冷めている状態であるから、体への刺激も軽減される。アーユルヴェーダの見地では、極端に冷たいものや、熱いものを体内に取り込むことは良しとされていない。

ほかにも手食のいいところはある。指先でよく混ぜることによって、ライスや各種料理が程よく練られて口当たりが優

インドの家庭では主に手で食べる

町場のレストランでも手で食べる

しくなる。魚料理や骨付きの鶏肉などがある料理の場合、口に入れる前に手際よく骨を取り除くことができたりもする。指が唇に触れる感覚は、ある種の快感を感じさせてくれたりもする。それでも僕はどちらか選べと言われたら、スプーンを手に取る。

このことについては、東京スパイス番長のメンバーで一度、議論したことがある。どっちが好きかについての投票は意外な結果だった。シャンカール、ナイル、僕の三人はスプーン、バラッツだけが手食を選んだのである。僕は別として、残りの三人にはインドの血が流れているというのに。

僕たちは日本で生まれ育った。生まれたときからスプーンもフォークもある環境で食事をしてきた。手で食べることは行儀が悪いことだと言われてきた。手で食べて許される料理は、おにぎりやお寿司くらいだろうか。箸やスプーンなどの「道具」を使って料理を口に運ぶことに慣れている僕が、インドに行って手で食べて、「やっぱりこれだよな」となるはずがない。新鮮な感覚で手食が楽しいことは間違いない。でもおいしく味わえるかどうかは別である。

バラッツだけ一人意見が違うのは、きっと高校時代をインドで過ごしているからだろう。手食という習慣が彼の中には染み付いている。僕もこの先、インドに通い続けたら、意見が変わるかもしれない。そのときは自信満々でこう答えるに違いない。

「やっぱりあれだよ、インド料理は手食に限るよ！」

ナイルも手で食べる

オールドデリーのスパイス市場

シャンカール・ノグチ

インドのスパイス市場というと大勢の人でにぎわっている様子を想像するかもしれないが、実際のところはそれほどでもない。混雑しているのは、主にメインストリートだ。私はしばしば仕事でそこを訪れる。スパイスの小売店や問屋を視察、営業、そして取引先へのあいさつ。そこはあらゆるスパイスの香りが充満しているから、慣れていないと少々キツいかもしれない。

ずらりと店が立ち並ぶなか、同じ店でも行くたびに変化があるから侮れない。以前良い品物を扱っていたからといって、常にそうだとは限らないのだ。だから特別良いスパイスがある場合は、必ず仕入

スパイスマーケットの中央にある通りは、スパイスを運ぶ貨車や人々で大にぎわい

れるようにしている。また、毎年品質をチェックしていて気付いたことがある。収穫後に即乾燥させ、清掃したばかりのスパイスはとても香り高く、元気で見栄えがいい。乾燥後もまだ青々としたカルダモンは、なかなかの代物だった。

オールドデリーのスパイス市場では、入り組んだ路地に至るまでそこかしこでスパイスが入った麻袋を見掛ける。もちろん売買しているのだが、ショールーム的に利用されている店もある。取り引き先のコショウ商は、世界各国からバイヤーが訪れるとあって上機嫌だった。質が良いため、よく売れているのだろう。日本から来ている私に「今度日本のカメ

ラを持って来てほしい」とか「ニコンが一番」とか言うのであった。

そんな彼らは、よくオールドデリーを連れ回してくれる。食事は決まって安定食屋の「ゴール・ハッティ」だ。ここの通称「ぶっかけカレー丼」が、なんともうまい。ライスはおかわり必須。腹ごしらえをしたら、次は何度もカレーの試作で使ってきた、オーガニックのコリアンダー[*119]とターメリック[*120]を扱う店へと向かった。私はオーガニックスパイスの香りの良さを素直に気に入っていた。その香りには、美しく咲いた花から漂うかのようにフレッシュな甘い香りがあるのだ。

その後、オーガニックとノンオーガニックのターメリックをくらべてみたが、色、香り共に全くの別もの。オーガニックは甘い香りを強く感じるので、本来、苦味のあるターメリックさえイメージを覆された。ただ、ノンオーガニックは、明るくきれいな黄色を発色してくれる。どちらにも良さがあり、貿易商としては別物として仕入れることにしている。カレー作りがまた楽しくなると心躍らせながら、私は市場を後にしたのだった。

麻袋にコショウ商が持つ専用の器具で穴を開けると、中から白コショウが出てきた

スパイス市場に並ぶターメリック

熱狂、インドのワールドカップ

メタ・バラッツ

ワールドカップといって多くの人たちが思い浮かべるのは、四年に一度行われるサッカーの祭典ではないだろうか。今やたくさんの日本の選手が海外で活躍し、サポーターの盛り上がりも相当なものである。

かつてインドも、ワールドカップに出場できるかもしれない、ということがあったらしい。その昔、南米のどこかの国でワールドカップが開催されたとき、アジアの出場枠が一枠設けられた。皆、遠いという理由で辞退するなか、インドに声が掛かったそうだ。その前のオリンピックでフランス相手に一対二で敗れていたインドは、多少の自信を持っていた。だが、最終的にFIFAに断られたという。靴がないという理由で……。話の真意は分からないが、ジョークとしていろんな人から聞いたことがある。

この話は置いておいて、インドでワールドカップといえば、皆が口をそろえてクリケットのワールドカップというだろう。これも四年に一度開催され、サッカー、ラグビーの次に競技人口が多いといわれている。かつて、イギリスの統治下にあったほとんどの国で盛んに行われているスポーツである。

インドのクリケットのナショナルチームはなかなか強く、ワールドカップでは大抵ベストフォー入りする。私がインドで学生生活を送っていたときには、なんと決勝まで勝ち進んだのである。そのときのインドの熱狂ぶりといったらすごいものがあった。準決勝では、パキスタンとの因縁の対決。そして決勝では、王者オーストラリアとの対決である。

どのくらいの熱狂ぶりかというと、授業が成立しないくらいである。ベストエイトくらいになると、授業中、先生も生徒もそれどころではない。スコアが気になって、いてもたってもいられない。授業と授業の間には、校長室に人が群がり、スコアを聞いては一喜一憂したものである。なんといっても一試合一試合が長いクリケット。サッカーと違い、一日中楽しみが続くのだから、みんなが夢中になるのも分かる気がする。

最も印象的だったのは、決勝進出が決まったときのこと。パキスタンとの試合に勝った直後である。校内には、「明日は決勝戦のため、休校してテレビで試合を見ましょう」とのアナウンスが流された。決勝戦に進んだことより、私は学校が休みになったことが何よりうれしかった。

しかし、そこはインドの学校。休校とはいえ、試合観戦以外のことをすることは許されなかった。さらに試合に負けると、休みだったはずの授業が始まったのである。

熱狂的なものには、とにかく熱狂的なインド。国をとても愛している人々の素顔が垣間みられるのも、ワールドカップの魅力といえよう。

ローカルバスにさっそうと

ナイル善己

僕がゴアに住んでいたころ、友人を訪ねるためにバスと鉄道を使ってデリーへ行ったことがある。

まずはゴアのバスターミナルのカウンターで直接チケットを買い、「AC」と書かれたバスへ乗り込んだ。「AC」は「Air Conditioner」の略。ようするにエアコンを装備したバスであるということだ。エアコン装備のバスは、運賃がちょっと高めに設定されている。見た目はわりと新しい大型バスで、椅子もリクライニング仕様と、なかなかの豪華装備。これなら旅は快適なものになるだろうと想像するが、もちろん想像をいとも簡単に裏切るのがインドである。たとえば、椅子のリクライニング機能が壊れて倒れないとか、温かい風が出てくるだけで冷えないエアコンとか。高い乗車賃を支払っているのだから、そのぶん席の移動やバスの乗り換えなどを言える立場にはある。しかし、たった半日の我慢である。次のバスを待つより、このまま行った方が早いのは間違いない。正規料金を払っているが文句を言わず、僕はそのバスでデリーを目指すことにしたのだった。

　バスを利用するのは何も長距離だけとは限らない。街中の移動もバスを使うとなかなか便利である。ただし、それがどこ行きのバスなのか判断が難しいことを除けば。さらに、料金表がないため、いくら払えばいいのか分からない。料金は、入口にいる車掌に現金で支払うシステムになっている。ある日、僕は試しに五ルピーを渡してみた。お釣りはくれないが、催促もされない。また、行き先が違うときに恐る恐る一〇ルピーを手渡すと、なんとお釣りをくれたのだ。お釣りをごまかす人間もいる中で、これは良心的である。ゴアでは月に一回くらいのペースでバスを利用していたが、結局どこまで行くといくらかかるということは分からずじまいだった。

　問題があるとすれば、料金よりも乗り降りする時にあるかもしれない。バスが停留所に近付いて来たとき、減速はするが止まってはくれない。走っているバスにこちらから近付き、手すりにつかまるようにして飛び乗るのだ。バスの速度に歩調を合わせながらタイミングをうかがっていると、車掌が手を貸してくれる時もある。初心者にはうれしい心遣いだ。

　あなたがローカルバスにさっそうと乗り込めるくらいになったら、インド上級者。思う存分、インドを語っても良いだろう。

コルカタで見掛けた、なかなか年期の入ったローカルバス

メンツ・プライド・ハッタリ・ステイタス

水野仁輔

　インドでは気まぐれにひげを伸ばしてみたりする。インド人にとってひげはステイタス。髪を切ったりひげを剃ったりしないシーク教徒に限らず、たいていの男子は大人になったら立派なひげを蓄えようとする。ひげコンテストまであるくらいだ。口の周りをつるっとさせた僕は、たいてい年下に見られてなめられる。だからひげを伸ばすのである。

　インド人はとにかくプライドが高く、ステイタスを重んじて、メンツを気にする。インド人のメンツをつぶしてはならない。彼らのメンツに関わることには最大限の気を遣い、メンツを立てたほうがいい。「わび・さび」が日本人特有の美意識だとすれば、「プライドやメンツ」はインド人特有の機微なのだ。この機微を理解するのはめっぽう難しい。

　ラクナウのレストラン「TUNDAY KABABI」に行ったときのこと。料理に大満足した僕は、東京スパイス番長のメンバーと機嫌よく会計を済ませた。レジにデンと腰を据えたオーナーが僕らに話しかける。

「味はどうだった？　もし何か至らない点があったら正直に話してほしい」

「いやいや最高でしたよ。エクセレント！」

　謙虚な態度のインド人もいるもんだね、と言う僕にバラッツが異を唱えた。

「あれは相当自信を持っている発言ですよ。聞く前から至らない点なんかあるわけがないと思ってるんです」

　言われてみれば、「エクセレント！」と言った僕にあのオーナーは、「うむ」とまるで教壇に立つ先生のような顔つきで深く頷いていた。彼は自分のメンツを保つために分かりきっていることをあえて聞いたのである。

　メンツを大事にする国だから、逆にハッタリも効きやすい。東京スパイス番長は毎年インドへの研究旅行で、現地の調理場を借りて料理セッションをするのだが、交渉時には決まってこう伝える。「日本のインド料理シェフ、トップ

フォーが本を作るために、そちらの調理場で撮影をしたい」と。これはかなりの効果を発揮する。これで全面的なバックアップ体制が整うのだ。

グジャラートの商工会議所でシャンカールとバラッツが貿易商として招かれ、講演をしたときなんてすごかった。地元の商人たちは二人のスピーチに聞き入り、質疑応答では活発な質問が飛んだ。最後には日本に持ち帰りようのない立派なトロフィーまで贈呈される歓迎ぶり。客席で聞いているだけのナイルと僕は、その場にいたインド人たちにとってはマネージャー以下の存在に見えただろう。でも、あの場で最も誇らしげな顔をしていたのは、それまでのグジャラート旅を全面的にサポートしてくれたインド人だったのである。要するにシャンカールとバラッツは、彼のメンツを立てるためにひと肌脱いだのだ。

何度インドを訪れてもいまだに難しいのは、このインド人のメンツに関わる機微である。ただ、経験を積み、ここをうまく抑えられるようになるとインドの旅は恐ろしく快適になる。日本では、空気を読めない人のことをKYというが、インドを旅すれば、空気の読める人間になれること請け合いだ。たいして伸びない無精ひげを剃らずに蓄えておくよりもよっぽどいい。

ガンジーアシュラム

メタ・バラッツ

アシュラムとは日本語に訳すと「道場」のことであるらしい。

二〇歳を少し過ぎたころ、何を思い立ったか京都のとあるところに一〇日間、瞑想をしに行ったことがある（今でも行って良かったと思うので、機会があればぜひ）。京都での瞑想は、その昔、ブッダが行っていた瞑想方法を取り入れ再現しようとしたものだった。一〇日間、厳密にいうと最終日を除く九日間、ひと言もしゃべらず、ひたすら朝早くから夜まで瞑想するのである。九日間も言葉を発さないというのは、普段の生活ではなかなかないので、一〇日後には、なぜかとても心が洗われた感じがした。いわゆる

「アシュラム」に近いところなのかもしれない。
祖父がインド独立に関わっていたこともあり、私にとってガンジーはとても大きな存在だ。そして、「ガンジーアシュラム」と呼ばれている場所は、インドのさまざまな場所に点在している。京都での瞑想体験をきっかけに、一時期、ガンジーアシュラムを巡った時期がある。もともとガンジーアシュラムは、独立運動の中心としてインド各地にできたが、今現在ではガンジーの教えや考えを実践する場所として存在しているようである。大抵、ガンジーが滞在したことがある場所で、寝室や当時彼が使っていたものを大切に保管している。そして、ほとんどのアシュラムに滞在することができる。条件は、観光ではないので皆と同じように起床し、食事の準備をしたり畑仕事をしたりするのである。何かをやらねばいけない場所ではなく、自分ができることをすれば良いのだ。それが集合体となり、生活が営まれていた。

私はいくつもの地域のガンジーアシュラムに滞在した。グジャラートはヴェルチ[*121]という場所にあるアシュラムには、ガンジーがつくった大学があり、多くの学生たちが勉強していた。今でもグジャラートに行く際は、なるべくこの場所に立ち寄るようにしている。アシュラムでは、誰もが自然に過ごし、全てが共同作業かつ、質素に行われているように見えた。「必要以上のものを持っていること自体が泥棒だ」というガンジーの言葉に納得できる気がした。畑では自分たちが食べる分だけを育て、電気は自家発電。環境というよりも、次のまた次の世代に何を残すべきかが大事であり、そのために、今何をしなくてはならないのかが常に問われているようだった。

一度、ガンジーアシュラムに私の良き友人の絵描きと訪れたことがある。約一週間、滞在した。毎朝四時に起き、暗がりのなか、唯一明りを灯すチャイ屋で一杯チャイを飲み、五時から始まるお祈りの時間に備えた。その後、朝食を食べるのだが、アシュラムの雰囲気が分かってくると、我々も率先して調理や掃除を手伝うようになった。だいたいが小さな畑で採れるものが食材となるので、食事は質素であまり変わり映えしなかった。四、五日目の朝、普段と同じように地面に座り、朝食を皆で食べていたら絵描きの彼が私に言った。

「人生、最期に何かを食べるとしたら、このご飯をもう一度食べたいなぁ」

そうぽつりと言ったのがとても印象的であった。

ガンジーアシュラムは、生活していくなかで、すてきなものや大切なものに気付かせてくれる場所なのかもしれない。

私の古典音楽案内

シャンカール・ノグチ

インドへの飛行機に乗ると、必ずと言っていいほどiTunesでラヴィ・シャンカール[*122]の演奏を聴く。私にとって、インドを訪れるための心の準備のようなものだ。ラヴィ・シャンカールを知らなくても、ノラ・ジョーンズ[*123]を知っている人はいると思う。シタール奏者のラヴィ・シャンカールは、彼女の父親だ。ほかにも、ビートルズのジョージ・ハリスン[*124]が、彼の演奏に魅せられ、弟子入りしたのは有名な話である。ギタリストのジョージが、シタールを習いにムンバイを訪れたのだ。インドの若者たちが大騒ぎしたのは言うまでもない。その後、一九六五年にビートルズがリリースしたアルバム「ラバー・ソウル」の収録曲「ノルウェーの森」によって、多くの人の耳にインドの素晴らしい民族楽器の音色が触れることになった。

ラヴィ・シャンカールが奏でる幾種ものラーガ（インドで使用する旋法、メロディーを構成するための規則）がすてきだ。スタートは緩やかに始まり、ムード良く、いつのまにかその世界に引き込まれてしまう。インドを旅して感じるさまざまな感情が、彼の音楽の中には備わっているのだ。そして、シタールとタブラーの組み合わせがまたいい。ここで、二つの楽器を説明しておこう。シタールは、インドの代表的な弦楽器。スチール弦が上下二層に張られていて、上層の弦を弾き、下層の弦は共鳴弦としての役割を持つ。タブラーは、低音と高音の二つの太鼓からなる打楽器。左側に低音、右側に高音の太鼓を置き、左右の手や指を使って叩く。左右の太鼓ではもちろん、叩く場所によっても音色が違うので幅広い表現ができるのだ。

ラヴィ・シャンカールの娘、アヌーシュカ・シャンカール[*125]のコンサートを銀座で観たことがある。彼女の演奏に心をわしづかみにされた私は、「なぜこんなに素晴らしい演奏ができるのだろう」と、演奏終了後、しばらく立てずにそんなことを考えていた。アヌーシュカは、父親

の下で八歳から弟子としてシタールを始めた。彼女の名演は、きっと、師匠と弟子の関係に尽きるのだろう。長年かけて築いた関係によって愛情ある結びつきが生まれ、弟子が師匠を心から尊敬する。衣食住を共にし、コンサートの時は師匠の演奏に合わせ、教え通り後ろで支える。

師匠もまた、弟子に全てを授ける。そんな信頼関係のもと、良き伝統が受け継がれ、心に響く芸術になるのだろう。あなたもインドでコンサートを聴きに行ってはどうだろう。巧みな演奏が、喜びや哀しみの世界へ誘ってくれる。

最近では、日本人のインド古典音楽演奏家が足繁くインドへ通っているようだ。日印音楽交流によって、蓮の花がゆっくり開くように、日本人演奏家のラーガがここ日本で開花するのを私は秘かに楽しみにしている。

酒とたばこと都会の女

ナイル善己

インドでは、見合い結婚がほとんどである。地域によっては顔すら見たことのない相手と結婚する時だってある。今の日本では考えられないが、暮らしにカースト[*126]が根付いているインドだから、決してこれが悪い習慣とは一概にはいえない。カーストによる身分の違いがある社会では、むしろ普通といえる。

結婚すると、女性は家庭に入り専業主婦になるのが一般的だ。その家庭の味を覚えるためだ。まだ料理に不慣れな若い奥さんだから、きっと最初は苦労するだろう。もしかしたら、姑との争いがあるのかもしれない。大家族の家に嫁いだら、チャパティだって大量に焼かなくてはならないから大変だ。「チャパティが上手に手早く焼けるようになったら主婦として一人前」。そんなジョークもあるくらいだ。夕飯の支度をすませたら、まずは男性陣が食べ始める。彼らが食べ終わったのを確認してから、やっと女性の番だ。当然、女性が晩酌することはない。だけど、僕は知っている。都会の女は酒も飲むし、タバコも吸う。

ムンバイに住む今どきの若い女性は、二十歳を過ぎればお酒を飲む。夜になるとピチピチのTシャツに着替えてクラブに行っては、大音量の中、踊り慣れた様子でリズムに合わせ腰をクネクネと揺らしている。そして、ビール瓶を片手にタバコを吸いながら壁にもたれ掛かっている。六本木あたりと変わらない光景が、ここインドでも都会では存在するのだ。彼女たちは恋愛だってする。今どきの若い男女は自由に恋愛を楽しんでいるのだ。しかし、冒頭の習慣によって、将来的に結ばれることは少ないだろう。だからこそ、反比例するかのように二人の愛は深くなるばかり。最後に必ず訪れるであろう別れを考えると、今を大事にしたいと思う気持ちは当然なのだから。

公園のベンチで寄り添っているカップルを見掛けても、ふびんだなんて思わないでほしい。「親を説得してでも結ばれろよ！」。僕はそんなふうに思う。

南インド？　退屈な場所ですよ

水野仁輔

「南インド？　退屈な場所ですよ」

「いいんです、食事が目的ですから」

「本当にいいの？」

一〇年以上前、インド政府観光局で、窓口の人とこんな会話のやり取りをしたことがあった。そうか、南インドは退屈なところなのか。そんな印象を携えて、僕はタミル・ナードゥ州のチェンナイに飛んだ。空港から電車に乗り、市内の中心にある駅で降りて辺りを歩く。確かに日本人観光客は一人も見当たらない。

それでもここが退屈だとは思えなかった。だって、曲がり角を曲がるたびに「ミールス・レディ」の看板を見つけることができたから。そう、僕は南インドを代表するミールスという定食料理を食べるためにやってきたのである。毎日が夢のような日々。とにかく食べまくった。コチへ行くと、ココナッツ香る料理の数々が待っていた。興奮は止まない。

圧巻は、バックウォータークルージングだった。アレッピーからクイロンへ、遥か長い水郷地帯を二階建てのボートで何時間もかけてゆっくりと下っていく。穏やかな水面をゆっくり進むボートから見える景色は、左右一面にズラリと並ぶココヤシの木々。延々と続く緑のカーテンを眺めながら、忘れていたあの言葉がよみがえってきた。

「南インド？　退屈な場所ですよ」。

いったい何がどう退屈だっていうんだろう。ランチに出てきたアレッピーフィッシュフライは香ばしくておいしく、食後のチャイは和やかな時間をくれた。細い目をして川岸を眺めると、村の子供たちが無邪気に手を振っている。にっこり笑って手を振り返す。幸せな時間じゃないか。汚れを知らない子供たちの目はかわいいなぁ。ん、何やらこっちに向かってしきりに叫んでいるぞ。

「One pen! One pen!（ボールペンちょうだい）」

なんだよ、汚れまくってるじゃないか！　南インドは退屈どころか、刺激的な場所である。

ヨガ修行にリシュケシュへ

シャンカール・ノグチ

体の調子がどうも良くない。鼻が詰まり、なんだか呼吸が苦しく、腰が痛い。深酒することが多く、規則正しい生活とはほど遠いからしょうがないのかもしれない……。そんなときふと、「ヨガ[*127]なんていいだろうな」と思った。とにかく、体を伸ばしたかったのだ。

　インド出張で仕事を終えた私は、一週間ほど休みをもらい、デリーから電車で北へ向かった。目指すは、ヨガの聖地と言われるリシュケシュ[*128]。ビートルズもヨガ修行に行った場所だ。ヨガを教える道場やお寺があちこちに点在していると聞いていた。あてがあったわけではないが、門を叩いて入門できるところで、一週間みっちりヨガをしようというのが私のプラン。聞いていた通り、道場はすぐに見つけることができ、一週間の予約ができた。さて、ここでヨギーの一日を紹介しよう。

　朝、六時から八時まで先生の指導のもとヨガをする。その後、軽く朝食をとり、一〇時から一二時は自主練習。そして軽めの昼食。ランチの後は散歩をしたり、昼寝をしたり、ゆったりと自分の時間を過ごす。三時から六時まで再び先生からの指導を受ける。その後、クラスメイトと夕食をとる。不思議なもので、ヨガの先生の話を聞いているだけで体が快方に向かっている気がし、気候が暑いからか、ヨガのポーズをきめていると自然と体がやわらかくなっていくのが気持ち良かった。

　リシュケシュにはヨガ修行のため、世界各国から多くの人が訪れていた。慣れた雰囲気のヨギーやヨギーニたちとの会話も楽しみのひとつ。国は違うが共通したヨガの思想をお互いに持ち、オープンマインドで受け入れてくれるので、私のような一見客もすぐに打ち解けてしまう（なかにはストイックな人もいるが）。調子が悪かった体のこと、メンタルな悩みまで話し合い、彼らの経験上のアドバイスをもらった。翌朝から、彼らに聞いた解決法を早速実践してみた。腹筋など

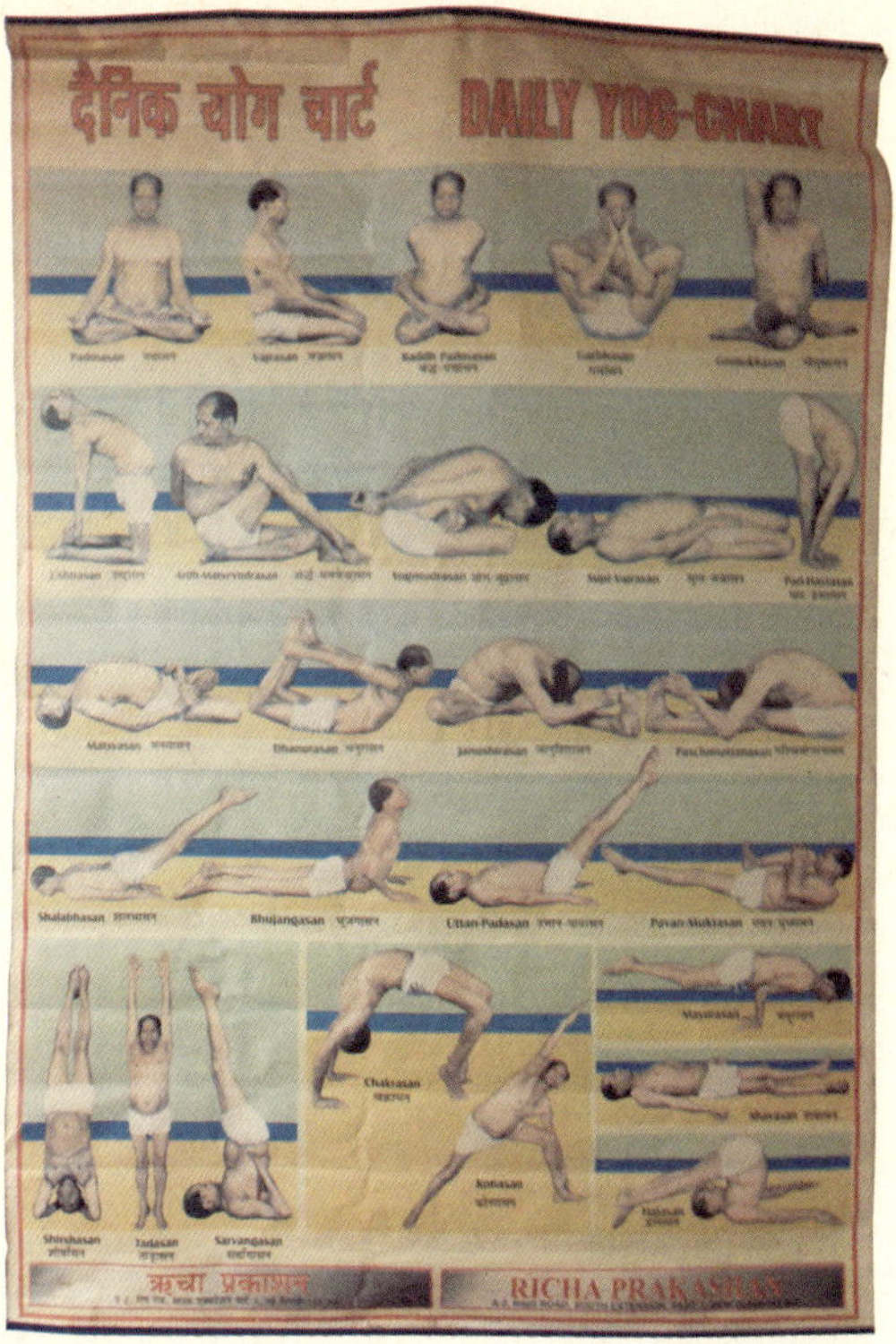

体の中心部分の強化、動作を起こすときは、まず深いひと息をついて気の流れをつくる。体全体に行き渡るよう、鼻での深い呼吸を意識してヨガのポーズをとるなど。すると、なんと体の調子が日に日に良くなるのである。やはり、原因は生活習慣にあったのだ。日本ではそんなことをゆっくり考える暇もなく過ごしていたので、ちょっと立ち止まって落ち着く「間」というものを教えられたような気がする。

私の家族は皆、ヨガ経験者だ。姉にいたっては、インストラクターの免許も持っている。今は、インドでの経験や姉からの教えに沿って、ほぼ毎朝ヨガをしている。部屋ではリシュケシュで買ったヨガおじさんのポスターが私を見守っている。継続できているのは、短い期間だが現地で充実した時間を過ごしたおかげだと思う。

インドの優しい人々

メタ・バラッツ

旅行に行くと人が好きになる。

旅行に行くと人と話したくなる。

以前、インドを長く旅したことがある。デリーからムンバイ、そしてゴア、チェンナイ、コチ、トリヴァンドラム。インドの北から南、そして西へと全て列車とバスで移動し、宿はほとんど当日決めるか、知り合いの家に泊まるという旅を三カ月近くした。

広いインドをバスや列車で旅すると、とてつもなく時間がかかる。デリーからチェンナイへは、いろんな事情で約六〇時間もかかってしまった。そして列車内の移動は時間を持て余すため、多くの人と話をすることになる。デリーからチェンナイ間では、同じ人が同じ話を五回くらいするのを耳にした。話の内容はというと、「トヨタの車はすごい」。そして最後に「自分の車はトヨタだ」と締めくくる。

インドへ旅行に行ったことがある人から時々聞くのが、「だまされた」という話。よくあるのは、買い物をしたら通常より高い金額で買わされたとか、道を聞いたら全然違う方向を教えられたとか。悲しいことに、もっとひどい事件もあったりしたが、だいたいは些細なことが多いような気がする。

私もインドで道を聞くことは、多々ある。その場合は一人だけに聞かず、だいたい五人以上に同じ質問をして、意見が多い方を選択することが多い。私が思うに、インドの人の大概が優しいのだと思う。道を聞かれたら「知らない」と答えるのはかわいそうだと思うのだろう。そして、とりあえず教えて安心感を与えてくれるのではないだろうか。タクシーにしろオートリクシャーの運転手にしろ、行き先の場所を知らなくても乗せてくれることが多い。そしてだいたい迷子になり、手当たり次第いろんな人に道を聞いて回っている。

とりあえず教えてあげたり、とりあえず連れて行こうとしてくれたり。まあ難しいかもしれないが、可能性があるのならばやってあげようと思っているのだ。

インドに行くたび、やはりインドの人たちは大概が優しいのではないだろうかと思う。そして私は、より人が好きになって日本に帰って来ることが多い。

インディア・コーリング!

水野仁輔

「インドに行ってきたんだ」と言ったら、「あ、呼ばれたね」と言われた。「いつかはインドに行ってみたいんだけどさ」と言ったら、「呼ばれなきゃ行けないよ」と言われた。「インドに行けるのは、インドから呼ばれた人だけだ」と言ったのは、三島由紀夫らしい。本当だろうか。インドが不公平な国になってしまったのは、旅すると厄介なことがたくさん起こるからだと思う。そこで、いい方法を伝授しよう。

僕は、インドを満喫するために一つだけ決めていることがある。それは、何があっても決して腹を立てないこと。インドで中途半端な正義感を振りかざすことほどつまらないことはない。そうすればするほどインドは僕たちから離れていってしまう。インドではいろいろなことが起こる。信じられないようなこと、理不尽なこと、時には眉をひそめたくなるようなことも。あれもインド、これもインド。だからこそ魅力的なんじゃないか。

人の感情は、よく「喜怒哀楽」という言葉で表現される。インドを旅する僕たち東京スパイス番長は、「驚く」ことはあっても「怒る」ことはない。「喜怒哀楽」ではなく、「喜驚哀楽」でいこう。実際にそうすることで、僕たちは喜ばしいことも哀しいことも楽しいこともいつもよりずっと満喫できるはずだから。

インドは誰のことも呼んでいませんよ。バラッツが昔、いつもの優しい調子でそう言ったことがあった。そうだったのか! 僕は膝を打った。インドはただそこにあるだけで、行くか行かないかはあなた次第。行きたくなったときが行くべきときだ。もうその瞬間は迫っている。インドが呼んでくれないのなら、代わりに僕らが呼んであげようじゃないか。

Hello, this is India calling. This is India calling.

もしもし、こちら、インド、こちら、インド。聞こえてる? お節介な東京スパイス番長が、君のことを呼んでるよ。

さあ、僕らと一緒にインドへ行こう!

東京スパイス番長がインド的にお答え！

INDIA Q&A Vol.4

Q15

インド人の「10分」は
本当は何分ですか？

20分。〔水野〕

1分って言って10分来ないからな〜。〔ナイル〕

インド人の数だけ答えがあると思います。〔バラッツ〕

Q16

インドの人は
みんなヨガができますか？

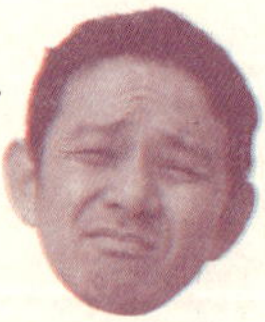

インドの人に聞いたらみんな「できる」と言うと思います。〔水野〕

ヨガは多分できるできないではなく、やっているかやっていないか、だと思います。〔バラッツ〕

Q17

インド人が喜ぶ日本のお土産は？

食べ物はやめた方が良いです。ベジタリアンの場合もあるから。〔ナイル〕

白い恋人。〔シャンカール〕

私は事前に何がほしいか聞いてます。キーホルダーなど、日本らしいものが喜ばれるような気がします。〔バラッツ〕

Q18

本当に山奥で修行しているの？

修行僧も携帯で、もしもししてる時代ですよー。〔ナイル〕

山奥で修行したり、インドじゅうを歩く修行僧もいます。興味があったら山奥に行ってみて、あなたのグルを探すのもいいでしょう。〔シャンカール〕

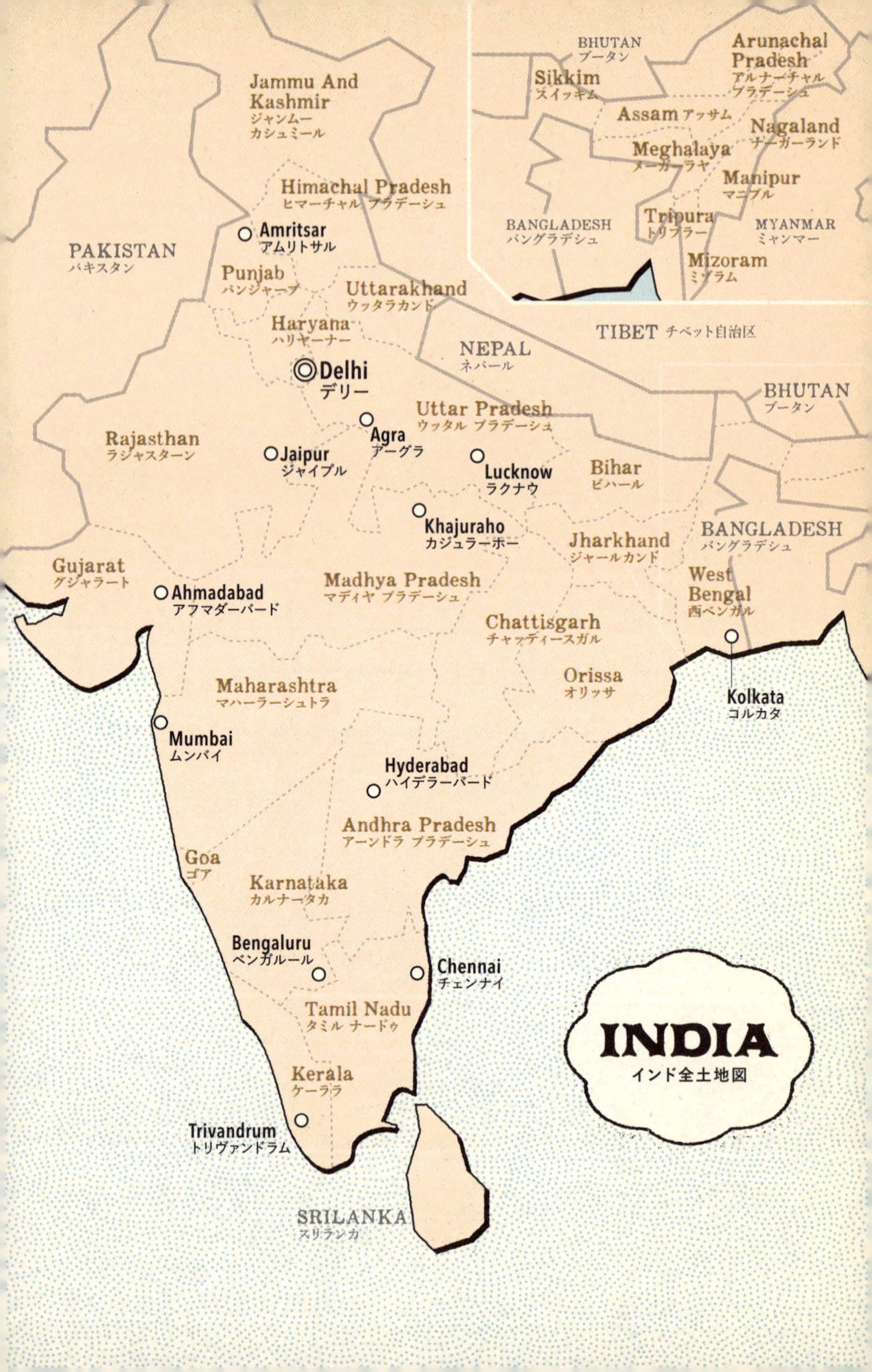

INDIA
インド全土地図
BHUTAN
ブータン
Arunachal Pradesh
アルナーチャル プラデーシュ
Sikkim
スイッキム
Assam アッサム
Nagaland
ナーガーランド
Meghalaya
メーガーラヤ
Manipur
マニプル
BANGLADESH
バングラデシュ
Tripura
トリプラー
MYANMAR
ミャンマー
Mizoram
ミゾラム
Jammu And Kashmir
ジャンムー カシュミール
Himachal Pradesh
ヒマーチャル プラデーシュ
Amritsar
アムリトサル
PAKISTAN
パキスタン
Punjab
パンジャーブ
Uttarakhand
ウッタラカンド
Haryana
ハリヤーナー
TIBET チベット自治区
NEPAL
ネパール
Delhi
デリー
BHUTAN
ブータン
Uttar Pradesh
ウッタル プラデーシュ
Agra
アーグラ
Rajasthan
ラジャスターン
Jaipur
ジャイプル
Lucknow
ラクナウ
Bihar
ビハール
Khajuraho
カジュラーホー
Jharkhand
ジャールカンド
BANGLADESH
バングラデシュ
Gujarat
グジャラート
Ahmadabad
アフマダーバード
Madhya Pradesh
マディヤ プラデーシュ
West Bengal
西ベンガル
Chattisgarh
チャッティースガル
Maharashtra
マハーラーシュトラ
Orissa
オリッサ
Kolkata
コルカタ
Mumbai
ムンバイ
Hyderabad
ハイデラーバード
Andhra Pradesh
アーンドラ プラデーシュ
Goa
ゴア
Karnataka
カルナータカ
Bengaluru
ベンガルール
Chennai
チェンナイ
Tamil Nadu
タミル ナードゥ
Kerala
ケーララ
Trivandrum
トリヴァンドラム
SRILANKA
スリランカ

脚注

001
ガンジス川
【がんじすがわ】ヒマラヤ山脈を水源とする川で、火葬場や葬式の儀があり観光客の聖地になっている。日本の映画の舞台にもなった場所であまりにも有名。衛生面を考えると僕には沐浴はできないかもしれない。

002
ピューリッツァー賞
【ぴゅーりっつぁーしょう】いくつかの部門に分かれているアメリカのジャーナリスト向けの賞。毎年衝撃的な写真や話題で世界中の注目を集めている。

003
ニルギリ
【にるぎり】南インドにある西ガーツ山脈の南部の自治体。タミル・ナードゥ州に属する。現地語でニルギリのことを「青い山」というため、紅茶のブルーマウンテンと表現されることがある。

004
キャドバリー
【きゃどばりー】イギリスの菓子・飲料メーカー、インド滞在期間はもっぱらチョコレートのことだと思っていた。

005
マース
【まーす】マース・インコーポレイテッド。「M&M's」などを扱っているアメリカの大手食品メーカー。

006
ミルキーウェイ
【みるきーうぇい】マース社が販売するチョコレートバー。

007
スニッカーズ
【すにっかーず】マース社が販売するチョコレートバー、ピーナッツ入り。

008
キットカット
【きっとかっと】スイスのネスレ社が販売する、チョコレートでコーティングされたウエハース。

009
マンチ
【まんち】キットカットに似ているが、それほど完成度は高くないマース社のウエハース。インドで食べるとおいしい。crunchiest ever!!

010
ヴァルサード
【ゔぁるさーど】グジャラート州にある有名なマンゴーの産地。アラビア海沿いに位置し、甘みが強いマンゴーが採れる。シャンカールが経営するインドアメリカン貿易商会は、バルサードからアルフォンソマンゴーを輸入している。

011
ラトナギリ
【らとなぎり】マハーラーシュトラ州のアラビア海沿いに位置し、マンゴーやカシューナッツの産地として有名。ゴアまでのんびり自然を満喫しながらドライブするのもいい。

012
ゴア
【ごあ】かつては世界中のヒッピーが集まり、夜な夜なパーティーが開催された西インドの都市。ポルトガルの占領下にあったことから石畳の道路など西洋文化の影響を色濃く残す。料理も独特。

013
アンビカ
【あんびか】ジャイナ教の女神。色は金色、乗り物はライオン、四本の腕があり、マンゴーと手綱と二人の子供を手にしている。頭上にはマンゴーが実った木がある。エローラ石窟群の第三四窟では、その像を見ることができる。

014
オールドデリー
【おーるどでりー】デリー首都圏に古くからある地域の総称。現在は主にイスラム教徒の居住区となっている。レッド・フォートという城から西へ延びる目抜き通り、チャーンドニー・チョウクはにぎやかで観光地としても有名。

015
ムンバイ
【むんばい】マハーラーシュトラ州の州都で、インドの西海岸に面している。インド最大の都市の一つで、日本で言えば東京に匹敵する機能とにぎやかさを持つ。旧名、ボンベイ。

016 チャパティ

【ちゃぱてぃ】全粒粉を水でこねて、棒でピザ生地のように伸ばす。それをフライパンに乗せて焼き、色付いたら直火であぶって膨らませる。粉が安価なため、ナンではなくチャパティが北インドの主食。

017 印度放浪

【いんどほうろう】一九七二年に写真家の藤原新也が発表したインド写真エッセイ本。当時はこの本を片手にインドを旅するバックパッカーが急増するなど影響力のあった一冊。

018 サイ・ババ

【さいばば】正確にはサティヤ・サイ・ババ。一九二六〜二〇一一年。インドの霊的指導者として、主要アシュラムのプラシャンティ・ニラヤムで多くの信者や支持者から崇拝された。

019 バラナシ

【ばらなし】ワーラーナシー(Varanasi)は、ウッタル・プラデーシュ州の都市。バラナシやベナレスと呼ばれることが多い。ガンジス川を見る人が訪れる観光地として有名。

020 ニロンズ社

【にろんずしゃ】マハーラーシュトラ州にあるアチャール(ピクルス)やチャツネの製造会社。シャンカールが経営するインドアメリカン貿易商会では、ニロンズ社製品を四〇年以上輸入販売している。

021 デリー

【でりー】インドの首都。一九〇〇年代初めにイギリス人によって建設され栄えたニューデリーと、ムガル帝国後期に首都として栄えたオールドデリーとがある。

022 ラクナウ

【らくなう】ウッタル・プラデーシュ州の州都。ムガル帝国統治時代に栄え、帝国衰退後のナワブ(太守)が治めたことから、ムスリム文化が今も残る。ラクナウで食べるリッチな料理はうまいが、観光客はほとんど見かけない。

023 パラタ

【ぱらた】チャパティの生地を伸ばし、油やギーを塗りながら折りたたんで焼いたパン。インドのクロワッサンと僕は呼んでいる。パラータとかパロータなどともいう。

024 ロティ

【ろてぃ】インドで一般的によく食べられている全粒粉を使った無発酵パンの一種。ただ、広義にはナンやチャパティなどを含めインドで食べられるパンの総称として使われることもある。

025 プーリ

【ぷーり】チャパティの生地を油で揚げた素朴な揚げパン。

026 タンドーリチキン

【たんどーりちきん】スパイス、ヨーグルトでマリネした鶏肉を、タンドールと呼ばれる窯の炭火で焼いたグリル料理。日本でもおなじみの北インド料理。

027 バターチキン

【ばたーちきん】バターをたっぷり使って仕上げるトマトベースのカレー。具のチキンはタンドーリチキンを裂いて使うのが本場式。

028 キーマカレー

【きーまかれー】マトンのひき肉で作ったカレー。北インドやイスラム圏で好んで食べられている。

029 ビリヤーニ

【びりやーに】インドの長粒米「バスマティー」を使って炊き込んだ米料理。鍋の底にマリネしたチキンを敷き詰め、半茹でにしたバスマティーライスでふさぐように重ねて炊き込む。レシピは「ナイル善己のやさしいインド料理」(世界文化社)を参考にしよう。

030 タージ系列

【たーじけいれつ】インドのタタグループ傘下にあるタージ・ホテルズ・リゾーツ&パレスがインド全土で経営する高級ホテルチェーン。大きな都市には大抵タージホテルがある。

031 オベロイ系列

【おべろいけいれつ】オベロイ・ホテル&リゾート。一九三四年にライモハンシン・オベロイによって設立された。

032 タンドール

【たんどーる】タンドーリチキンやナンを焼く円筒形の粘土製の壷窯型オーブン。熱源は炭火。北インドでメジャーだが、ルーツは中東のアフガニスタンあたりだといわれている。

033 コルカタ

【こるかた】西ベンガル州にあり、デリー、ムンバイに次ぐインド第三の規模を誇る都市。街中は活気にあふれ、サイクルリクシャーが走るなど古き良きインドの姿を今も残している。旧名、カルカッタ。

034 アムリトサル

【あむりとさる】インド北西のパンジャーブ州にある都市。パキスタンと隣接している。シーク教の総本山、ゴールデンテンプルが街の中心にあり、街は巡礼者であふれている。

035 アーグラ

【あーぐら】ウッタル・プラデーシュ州の都市。世界遺産のタージ・マハルがあることで有名。

036 ムスリム街

【むすりむがい】イスラム教徒（ムスリム）の居住エリアの総称。大きな街としては、オールドデリー、ラクナウ、ハイデラバードなどがあるが、小さな街の中でもムスリムはコミュニティーを組織して住んでいることが多い。

037 インドの気候

【いんどのきこう】乾期・暑期・雨期に別れる。一～二月は最も過ごしやすい乾期。四～六月が暑期で、五月に暑さのピークを迎える。七月から雨期が始まり、地域によって一二月まで続く。

038 ラッシー

【らっしー】ダヒ（ヨーグルト）と水を合わせて撹拌して作る飲み物。日本ではスイート（砂糖入り）がメジャーだが、インドでは、ソルト（塩入り）も人気。

039 シーク教

【しーくきょう】シク教とも。インドでは少数派だが、富裕層が多い。総本山はパンジャーブ州アムリトサルにあるゴールデンテンプル。体から生えるもの（髪の毛など）を切ってはならないという教えがあり、男性は長い髪をターバンで巻き上げて日常生活を送る。

040 コチ

【こち】ケーララ州の都市。旧名、コーチン。ブラックペッパーをはじめ各種スパイス貿易の港として栄えたほか、チャイニーズフィッシングネットと呼ばれる独特の網漁があって興味深い。

041 カレーリーフ

【かれーりーふ】南洋山椒とも呼ばれるミカン科の木。南インドからスリランカにかけて自生し、この地域のインド料理では欠かせない重要なフレッシュスパイス。

042 コッカム

【こっかむ】コクムと表記されることもある。インド特有の植物。その実や皮が独特の風味を持つので、主にフィッシュカレーなどに使われる。似た植物にタマリンドがあることから、マラバールタマリンドと呼ばれることもある。

043 ギー

【ぎー】精製バター。発酵無塩バターを煮詰めて水分やたんぱく質を除去し、純度の高い濃厚な味わいに仕上げたもの。

044 ドーサ

【どーさ】米と豆をペースト状にし発酵させて、クレープのように薄く伸ばして焼いたもの。朝食や軽食に人気の南インド定番食。

045 イドゥリ

【いどぅり】米を発酵させて作る蒸しパンのようなもの。形はUFOのよう。おいしいものは軽く一〇個はいける。

046 スーラット

【すーらっと】インドのグジャラート州にある港湾都市。人口四四六万人、インドでは八番目に人口が多い。ダイヤモンドの研磨やテキスタイル、食の街として有名。

047 マハラジャ

【まはらじゃ】サンスクリット語で「偉大な王」の意味。分かりやすく言えばインドの王様のことだが、歴史的には皇帝に服属する地方領主（君主）の呼称でもあったため、インドでマハラジャと呼ばれた人は多い。

048 ウダイ・シング二世

【うだいしんぐにせい】メーワール王家の王（在位一五三七～七二年）。一六世紀に遷都した都市、ウダイプルの創設者。きらびやかなマハラジャ文化はウダイプルで触れることができる。

049 ウダイプル

【うだいぷる】「ホワイトシティ」の愛称で知られるラジャスターン州の都市。白壁の建物、白い砂漠の中に豊かな湖をたたえる景色は美しく、一度は行ってみたい。

050 ピチョーラ湖

【ぴちょーらこ】ウダイプルの街側にある湖。中央には宿泊可能なレイクパレスが浮かぶ。パレスやお寺からの景色（特に夕焼け）が美しい。湖上クルーズもある。

051 アーユルヴェーダ

【あーゆるゔぇーだ】インドの伝統医学。心身のバランスが崩れると病気になりやすいという考えのもと、日常生活の行動から教えを受け、その人に合った治療を行う。根本から考え直すため、生活習慣病など現代の疾患に良いとされる。医学だけにとどまらず、生活の知恵、生命科学、哲学に及ぶ。

052 タブラー

【たぶらー】太鼓。シタールと並んで人気のあるインドの楽器。高音用のタブラーと低音用のバーヤの二種類を並べて演奏する。手の平から指先までを駆使してさまざまな音を奏でる。

053 マハラニ
【まはらに】マハラジャの女性版。一般的にはマハラジャの妻のことだが、マハラジャと同様の地位や権力を持った女性のことを指す場合もある。

054 ガンディーナガル
【がんでぃーながる】グジャラート州の州都。マハトマ・ガンジーにちなんで名付けられた。意味は「ガンディーの街」。人口は二一万人。

055 サワークンラ
【さわーくんら】グジャラート州、アムレリ地区にある街。Shree Nagar はバラッツの祖父が生まれた場所。

056 パーン
【ぱーん】アレカナッツとタバコを葉で包んだもの。噛んだ後に吐き出す。好きな人は好きだが、嫌いな人は嫌い。食後に噛むことが多い。

057 オートリクシャー
【おーとりくしゃー】三輪で走るオートバイ型タクシー。ほかに自転車型のタクシーもあり、サイクルリクシャーと呼ばれる。

058 リクシャーワーラー
【りくしゃーわーらー】オートリクシャーやサイクルリクシャーを走らせている運転手の呼称。ワーラーは英語のワーカー（worker）に近い意味。

059 マトンローガンジョシュ
【まとんろーがんじょしゅ】ペルシアの流れからきたムガール料理。ローガンは澄ましバター、ジョシュは強烈な熱さと赤い色の意味を指す。うま味たっぷりのホットな味わいで、ナンとの相性もピッタリ。

060 ブッダガヤ
【ぶっだがや】ビハール州、ガヤー県の都市にある、釈迦（如来）の悟りの地。仏教では最高の聖地とされている。

061 マスタードシード
【ますたーどしーど】マスタードの種。イエローマスタード、ブラウンマスタード、ブラックマスタードなど、色によっていくつかの種類がある。やわらかい辛みと風味に特徴がある。

062 ココナッツオイル
【ここなっつおいる】南インド・ケーララ州でよく使われるココナッツからとれる油。強烈な香りを持つため、料理に強い個性をもたらすが、この香りが苦手な人がケーララ州を旅すると食事に困る。

063 ホールレッドチリ
【ほーるれっどちり】スパイスにおける「ホール」は潰していない、挽いていない丸のままの状態のこと。レッドチリは赤唐辛子。

064 ツェルマット
【つぇるまっと】スイス南部のヴァレー州、スイス最高峰マッターホルンの麓にある街。

065 チャートマサラ
【ちゃーとまさら】一つの香辛料の風味を強調したもの。塩気がやや強く、キュウリやニンジンなどスティック野菜に少量振りかけて食すためにある。私はグアバにかけて食べるのが好き。

066 ベンガル地方
【べんがるちほう】西インドの西ベンガル州からバングラデシュにかけての地域。

067 アニスルさん
【あにするさん】一九六五年バングラデシュ生まれ、横浜市在住。国際文化交流のある中学高校で教諭を勤めながら、フリーランスの写真家として活躍。我々は能見台「ガネーシュ」の二〇周年パーティーで彼と出会い、意気投合してガイドを依頼。

068 ボッタ川
【ぼったがわ】ガンジス川の下流。インドからバングラデシュに入ると川の名前が変わる。バングラデシュではボッタノディ（ボッタ川）と呼ばれている。

069 イリッシュ
【いりっしゅ】ベンガル料理に使われる淡水魚で、最高級魚といわれる。細かい骨がびっしりと詰まり、身を食べにくいがうまい。鮭と同じように産卵期に河口から川を登るため、下流のバングラデシュで獲れる。ところが、コルカタの富裕層が買い占めているため、バングラデシュ人は食べられないという都市伝説？がある。

070 コインバトール
【こいんばとーる】正式名称はコーヤン・プットゥール県。タミル・ナードゥ州に属する三〇県のうちの一つ。人口は四二七万人。

071 リムカ
【りむか】レモンとライムフレイバーのソフトドリンク。インドでは大人気。

072 サムズ・アップ
【さむずあっぷ】コカ・コーラが販売するインド発祥のソフトドリンク（一九七七年発売）。

073 チェンナイ
【ちぇんない】タミル・ナードゥ州の州都。イギリス統治時代は、マドラスと呼ばれていた。

074 サンバル

【さんばる】トゥールダルやムングダルなどの豆と一緒にスパイスを煮たカレーの総称。旬の野菜が一緒に煮込まれ、南インドでは日本におけるみそ汁と同じくらい一般的な料理。

075 ラッサム

【らっさむ】サンバルと並んで南インドでよく食べられている、辛くて酸っぱい薬膳スープ料理。

076 ポリヤル

【ぽりやる】タミル語で炒め物のことを指す。インドでは主に野菜をスパイスで炒めた料理がメジャーで、地域によってサブジやトーレンなどさまざまな呼ばれ方がある。

077 パパド

【ぱぱど】豆を擦りつぶして伸ばし、乾燥させた生地を焼いたり揚げたりして作るインドのせんべい。ビールのつまみにピッタリ。

078 ダヒ

【だひ】プレーンヨーグルトのこと。インドでは牛や水牛からとったミルクで、さまざまな乳製品を作って料理に利用している。

079 アンダマン諸島

【あんだまんしょとう】インド東部のベンガル湾に浮かぶインドに属する島々。人生で一度は訪れたい場所である。

080 法隆寺金堂

【ほうりゅうじこんどう】法隆寺の五重塔の横に建ち、ご本尊を安置する聖なる殿堂。古代仏教絵画であるアジャンタ石窟群や敦煌莫高窟の壁画があったが、一九四九年の火災で焼損した。その後一九六八年に金堂内部は壁画の模写により、火災前の姿に戻った。

081 勢至菩薩像

【せいしぼさつぞう】知恵の光で全ての者を照らし、人々を迷いや苦しみから救うとされている。清水寺や法隆寺で見ることができる。梵名マハースターマプラープタ。

082 サールナート

【さーるなーと】インドにおける仏教徒の聖地の一つ。ウッタル・プラデーシュ州にあり、釈迦が悟りを開いた後、初めて説法を説いた地とされている。

083 ダメーク・ストゥーパ

【だめーくすとぅーぱ】六世紀、アショカ王によってサールナートに建立されたモニュメント。高さ四三・六メートル。

084 ヒンズー教

【ひんずーきょう】ヒンドゥー教とも呼ばれる。インド国内で八億人以上いるといわれ、インドで圧倒的に信仰されている宗教。

085 バンガロール

【ばんがろーる】南インドのカルナータカ州にある大都市で、インドのIT都市ともいわれている。

086 ホワイトフィールド

【ほわいとふぃーるど】バンガロールのほど近くにあるサイ・ババが暑い時期に一年滞在していた場所。アシュラムがあり、そこでは音楽祭などが開催されている。

087 アシュラム

【あしゅらむ】修行する場所、道場のこと。精神的な修行場所として同じ目的を持った人たちが集まる。その場所のエネルギーが浄化され、より効果的に自己を見つめられると考えられている。

088 アーリア系民族

【あーりあけいみんぞく】現在のイランから広がった人種といわれる民族。インドには北西インドから入植し、北インド諸民族のほとんどがインド・アーリア人を祖先とする。バラモン教はインド・アーリア人が作った宗教である。

089 ヴェーダ

【ゔぇーだ】インドで編集した宗教文書の総称を指す。「知識」を意味し、起源はアーリア民族の自然賛美の詩。

090 パニプリ

【ぱにぷり】インドの代表的なストリートフード。揚げたボール状のクラッカーにスパイスで味付けした水を入れ、そこに野菜や豆などを入れて食べるもの。クラッカーに親指で穴を空けて材料を入れるのが特徴である。おいしいがお腹を壊す確率はそこらへんのストリートフードより断然高い。

091 ジャルガオン

【じゃるがおん】マハーラーシュトラ州の北部に位置する街。アジャンタ石窟群に行きやすい。五月に訪れた際には、気温が四五度もあったので気をつけよう。

092 イスラム教徒

【いすらむきょうと】イスラム教の信者。インドのイスラム教徒はヒンズー教に次いで第二の勢力。食べることを快楽の一つと考え、インド料理の発展に寄与したと言われている。

093 客家

【はっか】客家語を共有する漢民族の一支流。

094 ヤムナ川
【やむながわ】インド北部を流れるガンジス川最大の支流。ヤムナー川、ジャムナー川とも呼ばれる。

095 ワガ・ボーダー
【わがぼーだー】パンジャーブ州にあるインドとパキスタンの国境。

096 カスリメティ
【かすりめてぃ】フェヌグリーク（メティ）の葉。香ばしい香りがし、これが好きなインド人は多い。

097 深い河
【ふかいかわ】一九九三年に発表された、遠藤周作の小説。

098 サモサ
【さもさ】インドの軽食の定番。茹でてつぶしたジャガイモとグリーンピースなどの具をスパイスで味付けし、小麦粉で作った薄い皮で三角形に包み、油でさっくりと揚げたもの。

099 アレッピー
【あれっぴー】南インド・ケーララ州の水郷地帯の中心地ともいえる街の名前。

100 ポークビンダルー
【ぽーくびんだるー】ポルトガル料理の影響を受けて生まれたゴア州のポークカレー。

101 ムグライ料理
【むぐらいりょうり】ムスリム（イスラム教徒）の影響を受けて生まれたインド料理の総称。

102 トリヴァンドラム
【とりゔぁんどらむ】インド南部ケーララ州の州都で、現在の名前はティルヴァナンタプラム。街から少し南に、インドでも最も美しいといわれるコヴァーラム・ビーチがある。

103 ミグラニ一族
【みぐらにいちぞく】シャンカールの母方の祖父の名字。祖父の名前はL・R・ミグラニ。ちなみに「シャンカール」という名は祖父がつけたインド名。

104 オベロイ・グランド
【おべろいぐらんど】低層でクラシックな高級ホテル。プールサイドにあるすてきなバーでインドワインを飲むのが僕たちスパイス番長の定番。コルカタの中心地にあり、買い物にも便利。

105 パシュミナ
【ぱしゅみな】カシミヤを織ったストール。とてもやわらかい生地で、女性へのお土産としてとても喜ばれる。だから僕はいつもまとめ買いしている。

106 CTC製法
【しーてぃーしーせいほう】「Curl Tear Crash」の略。主にアッサムティーの茶葉を丸め、ミルクティーやチャイなどを煮出す用の紅茶に加工したもの。

107 チャトニ
【ちゃとに】チャツネのこと。さまざまなインド料理に付け合せとして登場するタレのような存在。ココナッツ、ジンジャー、マンゴー、トマト、ミントなどバラエティー豊かな味が楽しめる。

108 TAJコロモンデル
【たーじころもんでる】チェンナイにあるインド最高級ホテルグループTAJが経営するファイブスターホテル。

109 南インド四州
【みなみいんどよんしゅう】アーンドラ・プラデーシュ州、カルナータカ州、ケーララ州、タミル・ナードゥ州の四つ。

110 パニール
【ぱにーる】ミルクを沸騰させてレモン汁などの酸を加えて分離させ、水気を切って作るインド版カッテージチーズ。水牛のパニールは牛のパニールにくらべて風味が強く濃厚。

111 シヴァ神
【しゔぁがみ】ヒンズー教の神。神なので人々に安息をもたらす者と思ったら実は違う。破壊神とも呼ばれ暗黒な一面があり、水害などをもたらす。しかし水害による水で農作物が育つという考え方もある。

112 ガネーシャ
【がねーしゃ】シヴァとヒンズー教の女神・パールヴァティーの間に生まれた子供。学問や商業の神として有名。激怒した父に首を切り落とされたガネーシャに、象の頭を代わりに乗せたのが現在の姿。

113 ハルワ
【はるわ】お祭りごとによく登場するインドのお菓子。野菜や果物に油脂、砂糖を加えて固めたもの。カルダモンが香り、ギーの濃厚なうま味とピスタチオのコクが加わるとかなりの豪華版。

114 クルチャ
【くるちゃ】マイダと呼ばれる小麦粉を使って作るインドのパン。特にパンジャーブ州アムリトサルが有名で、日常的に食べられている。マサラクルチャなどスパイスおかずが具として包まれているタイプもある。

115 INAマーケット
【あいえぬえいまーけっと】食材や雑貨など、あらゆるものがそろうインドの台所的市場。「The Indian National Army Market」の略称だとか。この手のマーケットはインドのどの都市にも存在する。

116
ガラムマサラ

【がらむまさら】インドを代表するミックススパイス。各家庭で作られ、日本のみそ汁のみそのように家庭ごとに味が違うといわれているが、最近は既製品や市場で混合されたものを買うケースも多い。シナモン、カルダモン、クローブ、ブラックペッパーなど、一〇種類に満たないスパイスで作られる。

117
カルダモン

【かるだもん】インドではキリスト誕生以前から珍重されているさわやかな香りのスパイスで、スパイスの女王とも呼ばれる。ホールのままか、パウダーで使用するほか、ガラムマサラでも活躍。脾臓の働きを活性化し、神経のバランスの回復に良い。

118
クローブ

【くろーぶ】スパイスの一種。日本名は丁子。強い香りを持ち、カルダモンやシナモン、ショウガなどと共にチャイによく使われる。

119
コリアンダー

【こりあんだー】インドではフレッシュリーフかシード、パウダーでよく使われるスパイス。甘い香りの種は、世界各国で料理に使用されている。消化促進効果がある。フレッシュリーフのことをタイ語ではパクチー、中国語では香菜(シャンツァイ)と呼ぶ。

120
ターメリック

【たーめりっく】日本名はウコン。カレーの黄色はこのスパイスの色。単体だと少し苦みがあるが、コリアンダーシードやクミンシードと一緒に使用すると食べやすい。抗酸化力が高いといわれる。

121
ヴェルチ

【ヴぇるち】グジャラート州にある街。スーラット地区に属する。

122
ラヴィ・シャンカール

【らヴぃしゃんかーる】一九二〇~二〇一二年。インドで高名なシタール奏者、インド古典音楽家。世界各国で演奏し、西洋のクラシック音楽や東洋の音楽とコラボレーションしてインド音楽を全世界に紹介した功績は大きい。

123
ノラ・ジョーンズ

【のらじょーんず】一九七九年~。ラヴィ・シャンカールの娘。ピアノ弾き語りのジャズ・ピアニストであり、歌手。デビューアルバムの「Come Away With Me(邦題:ノラ・ジョーンズ)」は全世界で一八〇〇万枚売り上げた。

124
ジョージ・ハリスン

【じょーじはりすん】一九四三~二〇〇一年。ミュージシャン。ビートルズの元メンバーでリードギターリスト。脱退後のソロアルバム「All Things Must Pass」はインドと向き合い、作り上げた作品。

125
アヌーシュカ・シャンカール

【あぬーしゅかしゃんかーる】一九八一年~。ラヴィ・シャンカールの娘で、ノラ・ジョーンズの異母妹。父のもとでシタールの修業をする。インド古典音楽の演奏をしつつ、最近は精力的に他ジャンルとコラボレーションして世界の感覚と香りを感じさせる作品「Traces Of You」を生み出した。

126
カースト

【かーすと】四つの身分制度に別れている。一般人は上から三番目で、その下には奴隷がいる。さらにその下のカテゴリーにも入っていない不可触民と呼ばれる、一生そこから抜け出せないひどく貧しい層が存在する。

127
ヨガ

【よが】ヨーガとも。古代インド発祥の心と体の修養を考えたもの。さまざまなポーズ、方法があり、毎日実践すると効果を感じられる。瞑想もヨガに含まれる。ヨガをする人のことを「ヨギー」と呼ぶ。

128
リシュケシュ

【りしゅけしゅ】ウッタラカンド州のハリドワール北部、ヒマラヤ山脈の麓にある緑に囲まれた街。ヨガの聖地ともいわれ、多くのヨガ道場に世界各国から修行者が訪れる。ホーリーリーバーと呼ばれる美しいガンジス川の近くで修行ができる。

旅の必需品

インドに行くときは、何を持って行くべきですか？ よく聞かれる質問だけどさ、インドを楽しむ気持ちさえカバンに入れておけば、ほかは何もいらないよ。なあんてね。

シャンカール・ノグチ

Traveling Item

1:セージ香　2:ナイフ　3:自著「ハーブ＆スパイス事典」
4：白い恋人　5：USB ハブ 2 個付き充電器

鞄は買い付けのために大きく持ち運びやすいものを選んで、パタゴニアの特大サイズ・ローラー付き。ホテルに着いたらまずはセージ香で部屋の浄化。ナイフは好きなときにフルーツをカットして食べられるように。自著「ハーブ＆スパイス事典」は、調べものや新たな知見を書き記す。お世話になるインド人に欠かせないお土産には、「白い恋人」をチョイス。これが結構喜ばれるのだ。部屋にコンセントが一つしかないとき、USB ハブが 2 つ付いた充電器があると便利。iPhone やカメラなどを同時に充電できる。

ESSENTIAL TRAVEL ITEM ESSENTIAL TRAVEL

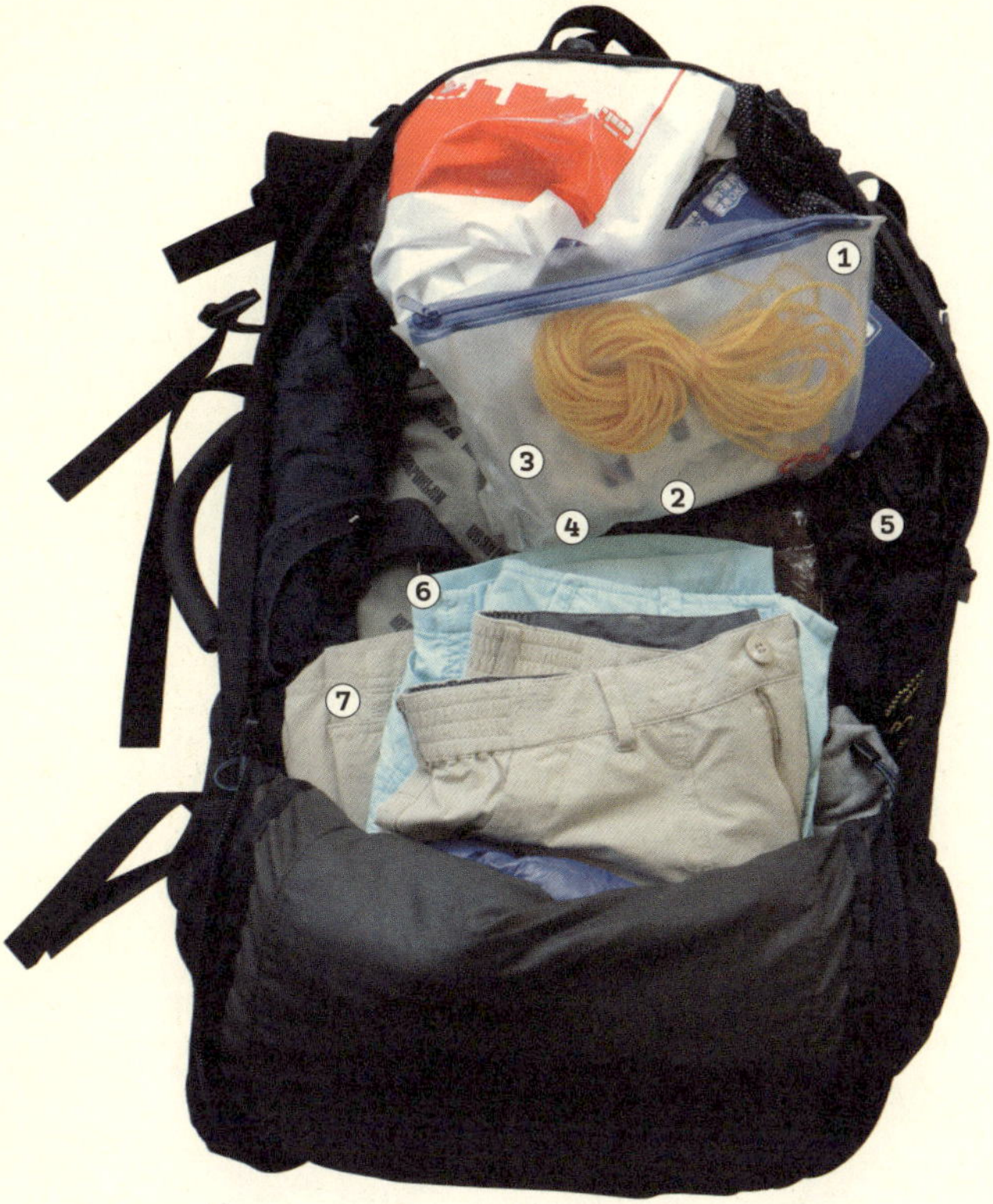

Traveling Item

1：ロープ　2：栓抜き　3：薬　4：ウェットティッシュ
5：カメラ　6：タオル　7：お土産用カバン

僕はやっぱりバックパック派。貧乏旅行した十数年前からの付き合い。両手があいて便利だし、背負って肌身離さないから盗難の心配がなく安心。何といっても軽いのがいい。長期旅行の時はロープを持って行き、部屋のバケツで洗濯した洋服を乾かすのに使用。インドでは１回分使いきりサイズの洗剤が売られているので洗剤は現地調達。でも良いホテルに宿泊した時はランドリーサービスにおまかせ。意外に活躍するのが栓抜き。薬は胃薬、風邪薬、頭痛薬、消毒液と絆創膏を常備。タオルは手洗い用に長めのハンドタオルを３～４枚。お土産の割れ物を包むのにも役立つのだ。

ナイル善己

ESSENTIAL TRAVEL ITEM ESSENTIAL TRAVEL ITEM ESSENTIAL TRAVEL ITEM ESSENTIAL TRAVEL ITEM ESSENTIAL TRAVEL ITEM

メタ・バラッツ

Traveling Item

1：パスポート　2：航空券　3：ペン　4：変換プラグ
5：財布　6：サングラス

私の場合、考えると荷造りが進まない。考えないと忘れ物をする。必要なもの、不必要なものは特になく、ただパスポートと航空券、そして財布に幾ばくかの金が入っていればそれで十分である。あとはサングラスに煙草でも持っていれば、気ままに旅はできる。変換プラグはあれば便利であるが、必需品ではない。忘れ物はない。持ち物なんて、もともとそんなにないんだから。

ESSENTIAL TRAVEL ITEM ESSENTIAL TRAVEL ITEM

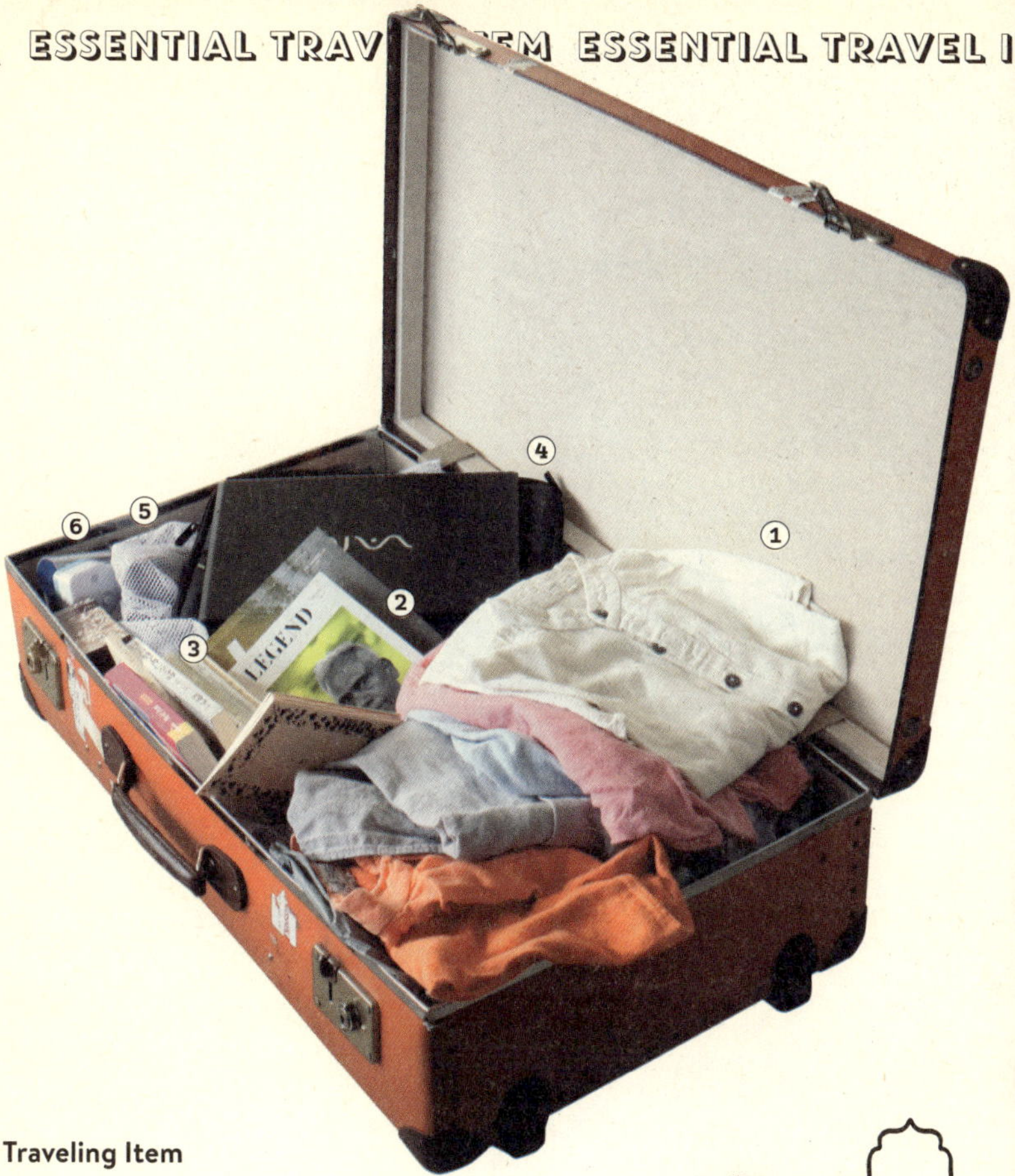

Traveling Item

1：クルタ数枚　2：自著　3：文庫本数冊
4：ノートパソコン　5：スリッパ　6：ウェットティッシュ

ちょっとコンビニへでも行くような気軽さでインドを旅したい。いつだってそう思っている。でも現実は違う。自宅にあるクルタを手あたり次第スーツケースに突っ込む。インドの街に溶け込むにはちょうどいい服だ。飛行機や旅先で読む文庫本は欠かせない。それに加えて自分が書いた本も持参する。現地で出会ったインド人に自己紹介するにはこれが一番。そして、ノートパソコン。撮った写真のデータを取り込み、暇を見つけて文章を書く。まるで出張に行くサラリーマンのようで、なんだか味気ない。

水野仁輔

東京スパイス番長おすすめ！

INDIA RESTAURANT GUIDE

インドに行ったら、どこで何を食べるべきですか？　よく聞かれる質問だけどさ、その土地ならではの料理を味わうのがいい。自分の勘と嗅覚を頼りに食べ歩けば、絶品のインド料理にきっとたどり着けるはず。うまかったら興奮するだろうな。とにかく店との出会いを大切にすることだよ。なあんてね。

Old Delhi

オールドデリー

Karim Hotel

カリーム ホテル

Jama Masjid, Gali Kababian, Old Delhi-110006

典型的なムスリム料理が楽しめる。ディープな肉料理のオンパレードがたまらない。カレーはどれもかなりオイリーなので体調が万全なときがおすすめ。「ポークカレーください」とか絶対に言わないように。

Old Delhi

オールドデリー

Gole Hatti

ゴール ハッティ

2-3-4, Fatehpuri, Church Mission Road, Chandni Chowk, Delhi

オールドデリーで60年続いている老舗。ドカッとライスの上にカレーが乗り、一見、日本風の盛りつけで丼やカレーライスを彷彿させる。喧噪から小休止できる店。中皿程度でサクッと食べれ、長居するのは野暮。

New Delhi
ニューデリー

BUKHARA (ITC Maurya)

バカラ

Diplomatic Enclave, Sardar Patel Marg, New Delhi 110 021

高級タンドール料理を楽しみたいときに。ノンベジ・ベジとも高級感あり、商談後の食事会にも使えるので、ビジネスマンにもおすすめ。高級ホテル内にあるのでサンダル、短パンで行くのは NG。

New Delhi
ニューデリー

Rajdhani (Connaught Place)

ラージダーニー

Shop No. 9A, Atmaram Mansion, Scindia House,
Connaught Place New Delhi - 110001

北インド地方のベジタリアン料理が集まった店。ターリーに多種多様のカレーが盛られて提供される。パラダイスカレーとはこのことか、本場の実力を感じる。

New Delhi
ニューデリー

Varq (The Taj Mahal Hotel)

ヴァーク

No.1, Mansingh Road, New Delhi, Delhi 110011

タージ・マハルホテル内にある、ヌーベルインディア料理（インド料理×フランス料理）が食べられるレストラン。美しく、ロマンを感じる新ジャンルの料理。おしゃれをして行こう。

New Delhi
ニューデリー

Veda

ヴェダ

H-27, Tropical Buiding, Connaught Circus |
Near Metro Park Hotel, New Delhi 110001

インドの著名建築家が手掛けたというおしゃれなレストラン。薄暗い店内で食べるインド料理はレアな体験。子ヤギ肉とヤギのチーズを丸鶏に詰め込んで焼いた料理など、前衛的なものも楽しめる。

BUKHARA

Rajdhani

varq

Bhojohori Manna

Aaheli

Kolkata コルカタ

Kasturi Restaurant

カストゥーリ レストラン

7 A, Mustaque Ahmed Street, Near New Market Area, Kolkata

コルカタでナンバーワンのベンガル料理レストランだと思う。街を歩くインド人、レストラン経営者、料理学校の校長先生まで口をそろえて「カストゥーリがうまい」と言う。各種魚料理に感動の嵐。

Kolkata コルカタ

K.C.Das

K.C. ダース

Ground Floor, Building No. 11, Part A & B, Esplanade, Opposite Tipu Sultan Masjid, Kolkata

インドスイーツのチェーン店。安くてバラエティ豊かな品数が揃う。特に乳製品系のスイーツが充実。15 種類ほどを東京スパイス番長メンバーで食べくらべしたが、食べ過ぎで気持ち悪くなった。食べ過ぎにはご注意を。

Kolkata コルカタ

Bhojohori Manna

ボジョハリ マンナ

CF206, Sector – I, Salt Lake City, Kolkata-700064

市街地から少し離れた住宅街にある、こじんまりとしたお店。ステンレスのプレートにバナナの葉を敷いたスタイル。地魚を使った豊富なメニューがそろい、地元ベンガル料理が堪能できる。

Kolkata コルカタ

Aaheli (The Peerless Inn)

アーヘリ

12, Jawaharlal Nehru Road, Esplanade,Kolkata

ドレスコードのあるベンガル料理店。高級魚として知られるイリッシュ、ルイ（鯉）など、有名な魚料理をぜひ。ベンガル料理には魚の臭みを消し、食欲が湧く調理法がある。

Mumbai ムンバイ

Samrat
サムラート

Ground Floor, Prem Court, JT Road, Churchgate, Mumbai

グジュラート地方のベジタリアン料理が食べられるレストラン。お昼はウェイターがカレーを持って回り、次々におかわりをよそってくれる。好きなだけ堪能しよう。

Mumbai ムンバイ

Trishna
トゥリシュナ

Sai Baba Marg,Next To Commerce House,
Near Rhythm House,Kala Ghoda, Fort,Mumbai 400023.

ゴア地方のシーフード料理が楽しめる。ムンバイでも中心地にあるのでタクシーで気軽に行けるが、予約は必ず入れておこう。エビ料理が特においしい。

Mumbai ムンバイ

Masala Kraft
(The Taj Mahal Palace Hotel)
マサラ クラフト

Apollo Bunder, Mumbai, Maharashtra 400001

北インドの伝統料理を尊重しつつ、洗練された味わいに昇華させた料理の数々。創作系に行きすぎないバランスの良さが魅力。たまたま見かけたチャパティを焼くパフォーマンスは圧巻。

Mumbai ムンバイ

Khyber
カイバル

145, MG Road, Kala Ghoda, Fort, Mumbai

ロケーションが良く、内装もスタイリッシュ。料理もこの店ならではのものばかり。満足な時間を過ごせるはず。ドレスコードあり、要予約。

Kasturi Restaurant

Bhojohori Manna

Khyber

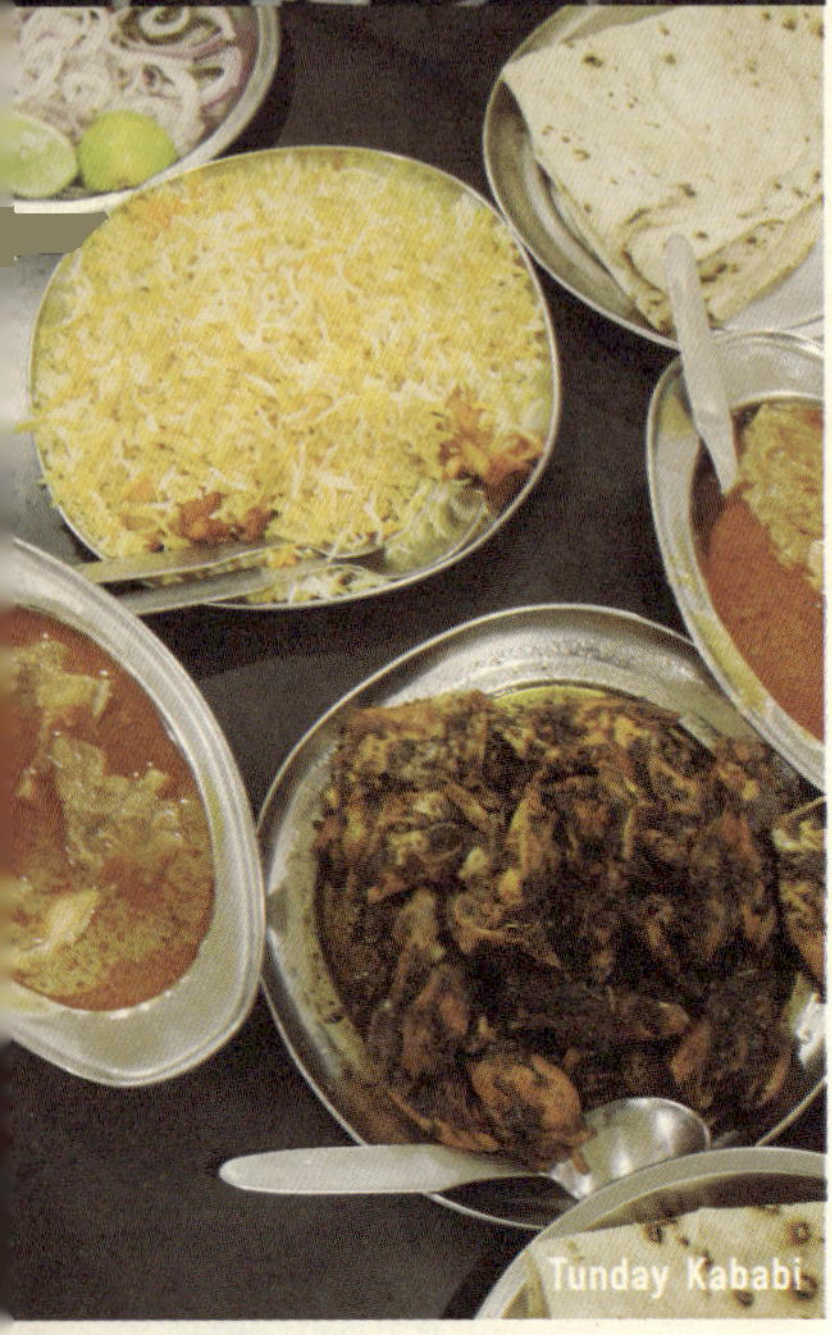

Lucknow ラクナウ

Tunday Kababi

トゥンデイ カバービ

Naaz Cinema Road, Aminabad, Lucknow

町中にあるレストラン。出てくる肉、肉、肉そして、タンドーリチキンは絶品。ラクナウに興味がなくても行くべし。インドに興味がなくても行くべし。

Lucknow ラクナウ

Dastarkhwan

ダスターカーン

U.P.Press Club, China Bazaar Gate, Hazratganj,
Lucknow, Uttar Pradesh 226001

ラクナウでムガール料理を食べるならここ。肉料理が堪能できる。大きな屋根付きの露店だが、テーブルがきちんと並ぶ。ぜひタンドーリチキンを食べてみて。隣の店に間違って入らないよう気をつけよう。

Surat スーラット

Mint Chai wala

ミントたっぷりチャイ屋

somewhere in Surat

スーラットのどこかにある、すてきなチャイスタンド。透明なグラスにたっぷりのミントと熱々のチャイを注いで出してくれる。ほんのりレモングラスが効いていてとてもおいしい。探してみるのも一興である。

Goa ゴア

Souza Lobo

スーザ ロボ

Calangute Beach , Near Calangute Residency,Goa

ゴアではおなじみのレストラン。観光客などで毎日にぎわっている。おすすめは魚介系と郷土料理。ゴア名物ポークビンダルーが食べられる。洋食メニューも豊富なので、フィシュアンドチップスと一緒にビールも。

Anand
アナンド

Divine Dining Hall II
ダイビン ダイニング ホールII
Vidyanagari Road, Near Town hall, Anand

本場で食べるグジャラティターリーはオイリーでスイート。野菜と乳製品を使った料理を食べに行くのなら、本場グジャラート州まで行くのもいいだろう。

Hyderabad
ハイデラバード

Paradise Restaurants
パラダイス レストラン
Sarojini Devi Road, Paradise Circle, Paradise Hyderabad, Telangana 500003

デパートのような佇まいで、1フロア150席を誇る。それがなんと5フロアある。ビリヤーニが売りとあって、全フロアで皆ビリヤーニを食べている風景は圧巻。ここはビリヤーニパラダイス。

Hyderabad
ハイデラバード

Sweet Heart Restaurant
スイート ハート レストラン
Sweet Heart Bowenpally, Hyderabad, India address 59, Chinna Thokatta, New Bowenpally, Secunderabad

ハイデラバードで誕生した、名物ハイデラバーディー式のダムビリヤーニが食べられる。1階のオープン席ではナンや一般的なカレーもあるが、2階のエアコンがきいた席でビリヤーニとライタをゆっくり楽しみたい。

Hyderabad
ハイデラバード

Once Upon A Time
(Green Park Hotel)
ワンス アポン ア タイム
Greenlands, Begumpet, Hyderabad, Andhra Pradesh 500016

東京スパイス番長メンバーで夜遅くにビリヤーニを食べたくなって訪れた店。地元でも「ミッドナイトビリヤーニ」という呼称があるらしい。若いメインシェフだが、インド料理への探求心はかなりのもの。

Paradise Restaurants

Sweet Heart Restaurant

Once Upon A Time

Chennai

Hotel Saravana Bhavan

サラヴァナ バワン

21, Kenneth Lane, Egmore, Chennai, Tamil Nadu 600008

チェンナイを代表するミールスが食べられるレストラン。デリーやムンバイなどインド国内のほか、シンガポールなど海外にも支店がある。ミールスが食べたければとりあえず行ってみよう。間違いはない。

チェンナイ

Chennai

Sri Balaji Bhavan

シリ バラジ バワン

52, Guduvancherry, GST Road, Chennai

南インドで定番のティファンと呼ばれる朝食メニューが充実している。いわゆる街場の安食堂的なノリのレストランなので、地元の人が普段から食べている味を体験するにはちょうどいい店。

チェンナイ

Chennai

Southern Spice (Taj Coromandel)

サザン スパイス

Taj Coromandel, 37, Mahatma Gandhi Road, Nungambakkam, Chennai

豪華な調度品の数々と行き届いたサービス。ハイセンスな南インド料理が楽しめるチェンナイきっての高級ホテル。疲れた体をしっかり休められるので旅の後半にでも利用してみたらどうだろう。

チェンナイ

Amritsar

Crystal Restaurant

クリスタル レストラン

Crystal Chowk, Queens Road, INA Colony, Amritsar

ゴールデンテンプルがあるアムリトサルではベジタリアンレストランがほとんどだが、ここではお酒が飲める。パンジャーブ料理が堪能でき、肉料理をはじめ、どのメニューも絶品。予約が賢明。

アムリトサル

Cochin コチ

Grand Hotel
グランド ホテル

M.G. Road, Ernakulam, Cochin, Kerala 682011

地元のセレブ御用達の由緒あるホテル。そこの１階にある有名レストラン。濃厚なフィッシュカレーを地元の米「赤米」で食べられるのが珍しい。

Cochin コチ

The Pepper (Vivanta by Taj-Malabar)
ペッパー

Willingdon Island,Cochin 682 009,Kerala

洗練されたケーララ料理はレベルが高く、うまい。何度か取材させてもらったことがあるが、シェフの仕事が丁寧。特に朝食に出てくるアッパム（米粉で作るインド版クレープ）は風味が良く絶品。

Cochin コチ

Fort Cochin (Casino Hotel)
フォート コーチン

Willingdon Island, Cochin, Kerala, 682 003

テラス席が心地良いおしゃれなレストラン。水槽で泳ぐ魚を選ぶとケーララスタイルで調理してくれる、インドでは珍しいサービス。エビのケーララスタイルフライがうまかった。

Cochin コチ

Boat house
ボート ハウス

on the river Allepy

「死ぬ前にしておきたいことトップ 10」に入るほど有名なケーララ州のバックウォーター内で出される料理。味はともかく雰囲気勝ちである。

おわりに

インドよ！
なんて包括的な、
広い心で楽しませてくれるんだ。

インドよ！
まさか僕のルーツがインドにあり、
祖先たちと深い関係にあるなんて夢のようだ。
誰かが言った、インドは母なる大地だと。
僕にとってそれは違う、家族そのものである。
だから、来年もまたインドに帰るよ。
Coming soon!

ナイル善己（ないるよしみ）

1976年、東京生まれ。銀座の老舗インド料理店「ナイルレストラン」3代目。南インド・トリヴァンドラム出身のインド独立運動家であり、「ナイルレストラン」初代創業者のA.M.ナイルを祖父に持ち、2代目の父は各メディアでおなじみのG.M.ナイル。都内イタリア料理店を経てインドのゴア州に渡り、料理学校及び最高級ホテル「シダ・デ・ゴア」にて修業。著書に「ナイル善己のやさしいインド料理」（世界文化社）他。

シャンカール・ノグチ

1973年、東京生まれ。アメリカ留学後、インド・パンジャーブ州出身の祖父が立ち上げた「インドアメリカン貿易商会」の3代目として、商品開発と輸入販売を手掛ける。「東京カリ〜番長」の貿易主任でもある。近年、「India Spice&Masala Company」のブランド名でオーガニックスパイスの販売をスタート。著書に「インドカレー名店のこだわりレシピ：東京スパイス番長シャンカールが伝授！」（誠文堂新光社）他。

インドよ、

思えばもう30年以上の付き合いになりますね。
時に厳しく、時に優しく、大分緩やかに、
そして何より寛大でいてくれました。
あなたと過ごした時間の分だけあなたを好きなる。
すてきな魅力を持ったあなたです。

インドよ！

ごめん。僕はよく嘘をつく。
「祖母がコルカタ出身でね」と。
すると誰もが鵜呑みにするんだ。
「やっぱりそうですか！　どおりでお顔が……」。
そのたびにインドへの愛着は増す。
これからもずっとお世話になるよ。

水野仁輔（みずのじんすけ）

1974年、静岡生まれ。小学校入学前から地元浜松のインドカレー専門店へ通う。上京して都内のインド料理店で基礎を学ぶ。大学卒業後、1999年に出張料理ユニット「東京カリ～番長」を立ち上げ、調理師免許を取得して全国各地を行脚。2008年、自宅にタンドールを導入したせいか、「日本人初のインド人」と呼ばれるようになった。書籍を偏愛し、自ら立ち上げた自主制作レーベル・イートミー出版からマニアックなインド料理本を出し続けている。

メタ・バラッツ

1984年、東京生まれ・鎌倉育ち。ニルギリの高校を卒業し、スイスにてケンブリッジ大学のA Levelを獲得。スペインで経営学と料理を学び、帰国。「アナン株式会社」2代目として新商品開発などに携わり、グジャラート出身の父のもと、アーユルヴェーダを基礎にした料理を実践。旬野菜をテーマに「移動チャイ屋」を立ち上げ、出張料理を展開中。2011年の震災後「女川カレーProject」を始める。2014年、南青山にカレー屋兼スパイス屋「BHARAT! スパイスラボ」を開店。

インドよ！

2015 年 2 月 1 日　初版第一刷発行

文・写真　東京スパイス番長
（シャンカール・ノグチ / ナイル善己 / メタ・バラッツ / 水野仁輔）

デザイン　根本真路
DTP　寺島香苗
編集　大津三千代

発行者　山下有子
発行　有限会社マイルスタッフ
〒 420-0865　静岡県静岡市葵区東草深町 22-5 2F
TEL：054-248-4202
発売　株式会社インプレス
〒 102-0075　東京都千代田区神田神保町 1 丁目 105 番地
TEL：03-6837-4635
印刷・製本　中央精版印刷株式会社

落丁・乱丁本はお手数ですがインプレスカスタマーセンターまでお送りください。
送料弊社負担にてお取り替えさせていただきます。
但し、古書店で購入されたものについてはお取り替えできません。

インプレス　カスタマーセンター
TEL：03-6837-5016　FAX：03-6837-5023

 ISBN978-4-8443-7668-2 C0095